LETTRES

DE M. DESP. DE B*,

AVOCAT AU PARLEMENT,

SUR

LES SPECTACLES;

AVEC

UNE HISTOIRE DES OUVRAGES
pour & contre les Théatres.

Frigidus, ô Pueri, fugite hinc, latet anguis in
herba. [*Virg. Egl. 3.*]

QUATRIEME ÉDITION.

SECONDE PARTIE.

A PARIS,

Chez
{
BUTARD, Imprimeur - Libraire, rue
Saint Jacques, à la Vérité.
BOUDET, Imprimeur - Libraire, rue
Saint Jacques.
SAILLANT & NYON, Libraires, rue
Saint Jean de Beauvais.
DESSAINT, Libraire, rue du Foin.

M. DCC. LXXI.

Avec Approbation & Privilége du Roi.

HISTOIRE

DES OUVRAGES

POUR ET CONTRE

LES *THÉATRES PUBLICS.*

Par M. DESP. DE B*.

Avocat au Parlement.

NOUVELLE EDITION.

HISTOIRE
DES OUVRAGES
Pour & contre les Théatres publics.

NOTICES
PRÉLIMINAIRES.

DANS les premiers siécles de notre Monarchie nos Rois occupés à conserver ou à étendre leurs conquêtes, négligerent long-temps les jeux & les plaisirs. Il n'y avoit point alors d'autres divertissemens publics que ces fêtes que des Auteurs ont appellées des *Fêtes nationales*, parce qu'elles étoient données à l'occasion d'événemens intéressans, & qu'on y invitoit *Majores*, c'est-à-dire, les Grands de la

M m

Nation. Telles étoient celles qui avoient lieu lorſque nos premiers Rois tenoient leurs cours plénieres, où, relativement à la forme primitive de notre Gouvernement, les Prélats étoient obligés d'aſſiſter.

Ces fêtes n'avoient rien de ce goût de galanterie que l'eſprit de l'ancienne *Chevalerie* introduiſit, ni de celui qu'on a connu dans les ſiécles ſuivans : mais elles avoient un ton de grandeur & de majeſté. Elles s'ouvroient ordinairement par une Meſſe ſolemnelle, qui étoit ſuivie d'un repas ſplendide. Les Evêques & les Ducs avoient l'honneur d'être à la table du Roi, & il y avoit des tables pour les Abbés, les Comtes & les autres Seigneurs. On faiſoit des diſtributions d'argent au peuple. Les amuſemens de l'après-dîné étoient la pêche, la chaſſe, le jeu & le ſpectacle d'animaux, comme d'ours, de chiens, de ſinges qu'on avoit habitués à différens exercices.

On vit enſuite paroître ſucceſſivement les Poëtes *Provençaux*, *Mimes*, *Hiſtrions* ou *Farceurs*, les *Troubadours*,

Jongleurs ou *Meneſtriers*, &c. dont on a parlé dans les Lettres précédentes, *pag.* 178 & 217. Les jeux de ces *Mimes* conſiſtoient en récits bouffons & en geſticulations. Ceux qui faiſoient des tours d'adreſſe & de force avec des épées ou bâtons, furent appellés *Balatores* & en françois *Bateleurs*. Ils alloient de Ville en Ville; & lorſque dans leurs routes ils avoient à payer des péages, ils étoient autoriſés par les Ordonnances à ſatisfaire le *Péager* par leurs jeux ou par les tours de leurs ſinges; ce qui a donné lieu à ce proverbe populaire *payer en monnoie de ſinge ou en gambades.*

Il y a dans les Capitulaires des Rois de France une Ordonnance de *Charles-Magne* de l'an 789, qui comprend parmi les perſonnes notées d'infamie tous ces Farceurs & Hiſtrions : *omnes infamiæ maculis aſperſi id eſt Hiſtriones, ut viles perſonæ non habeant poteſtatem accuſandi* (1). On voit dans ces mêmes Capitulaires, que les gens vertueux évitoient de voir & d'entendre ces

____
(1) Capit. Reg. Lib. 5.

Farceurs , Bateleurs , &c. La défenſe
en étoit expreſſément faite aux Eccléſiaſtiques , & on leur faiſoit un devoir
d'en détourner par leur exemple &
par leurs conſeils les fideles (1).

Il y a des Ecrivains qui ont donné
comme des images des anciennes fêtes
nationales les *Tournois* & les *Carrou-*
ſels , dont on ſçait quel étoit l'appareil.
Ils paſſerent de mode après celui où
le Roi *Henri II.* fut bleſſé à mort en
1559. Un *Envoyé* du Grand-Seigneur
ſous *Charles VII.* diſoit très-ſenſément
de ces fêtes militaires, que *ſi c'étoit*
tout de bon ce n'étoit pas aſſez , & que
ſi ce n'étoit qu'un jeu, c'en était trop (2).

(1) Quæcumque ad aurium & oculorum
pertinent illecebras unde vigor animi emol-
liri poſſe credatur, ut de aliquibus generibus
muſicorum aliiſque nonnullis rebus ſentiri
poteſt , ab omnibus Dei Sacerdotes ſe abſti-
nere debent : quia per aurium oculorumque
illecebras vitiorum turba ad animum ingredi
ſolet. Hiſtrionum quoque turpium & obſcæ-
norum inſolentias Jocorum & ipſi animo effu-
gere cæteriſque effugienda prædicare debent.
Ier. *Tome des Capitulaires des Rois de France ,*
pag. 1170.
(2) Hiſt. de France, par M. le Préſid. *Hénault.*

La Cour abandonna ces divertissemens, où il arrivoit toujours malheur ;
& on les vit remplacés par les jeux
de Théatre & les Ballets, où le Roi,
les Princes & les Seigneurs étoient
Acteurs : mais ce n'étoit que des fêtes
extraordinaires, qui n'avoient lieu que
dans des événemens, qui rassembloient
à la Cour les personnes d'état à y
paroître.

On sçait que lorsque les grands
Seigneurs ne furent plus, comme le
dit M. le Président *Hénault* (1), que
des Courtisans que le plaisir & l'ambition fixerent à Paris, on vit cette
Capitale parvenir successivement à
une grandeur colossale. Elle n'a pu y
arriver sans être de plus en plus sur-
chargée d'une multitude de Citoyens
désœuvrés dont on crut devoir occuper le loisir, selon le goût des tems, par
des représentations pieuses, qui furent
l'enfance & le bégayement de nos
Tragédies, de nos Opera & de nos
Comédies.

(1) *Ibid.*

On s'accorde aſſez pour rapporter l'origine de l'établiſſement des Spectacles de Paris à l'année 1398, que des Bourgeois de cette Ville ſe réunirent pour donner les repréſentations des Myſteres de la Paſſion de Jeſus-Chriſt, & pour vivre aux dépens de leurs ſpectateurs. Le caractere de ces repréſentations, dont les Pélerins de la Terre ſainte avoient donné l'idée, procura à la compagnie de leurs Inventeurs le privilége d'être érigée en Confrairie pieuſe :

De nos dévots Ayeux le Théatre abhorré,
Fut long-tems dans la France un plaiſir ignoré ;
De Pélerins, dit-on, une Troupe groſſiere
En public à Paris y monta la premiere ;
Et ſottement zélée en ſa ſimplicité
Joua les Saints, la Vierge & Dieu par piété.

Deſpr.

On pourroit bien faire remonter vers l'année 1313 l'époque de ces ſortes de repréſentations publiques ; mais alors elles n'étoient pas ordinaires. Il y en eut, par exemple, à l'occaſion de la Chevalerie des fils de

Philippe-le-Bel, Louis-Hutin, Philippe-le-Long & Charles-le-Bel. Enfin ſi l'on vouloit avoir une trace plus ancienne de ces jeux de Théatre, on la trouveroit en 1179. Un Moine nommé *Geoffroi,* qui depuis fut Abbé de Saint Alban en Angleterre, chargé de l'éducation des jeunes gens, leur faiſoit alors repréſenter avec appareil des eſpéces de Tragédies de piété, dont la premiere eut pour ſujet les Miracles de *ſainte Cathérine.* On doit préſumer que ce drame répondoit au mauvais goût du douzieme ſiécle.

Ce fut ſous le régne de *Charles VI.* que les Confreres de la Paſſion établirent leur Théatre dans la grande ſalle de l'Hôtel de la Trinité. Les ſujets de leurs eſpéces de Poëmes étoient tirés de l'Ecriture ſainte & des Légendes des Saints. Voici les titres de quelques-uns. Le *Myſtere de la Vengeance de la Mort de J. C.* Le *Myſtere de la Conception & de la Nativité de la Vierge.* La *Paſſion,* &c. Leurs Auteurs les plus connus étoient *Jean Petit, Dabondance, Louis Choquet,* &c.

Mais dès le crépuſcule du rétabliſ-
ſement des Lettres, c'eſt-à-dire, ſous
le régne de *François I.*

Le ſçavoir à la fin diſſipant l'ignorance,
Fit voir de ce projet la dévote imprudence.

Deſpr.

L'ignorance avoit répandu les ténebres les plus épaiſſes ſur tous les Ordres de l'Etat. Néanmoins dans le
cours de cette nuit il parut aſſez de
lumieres pour conduire les vrais Philoſophes (1). Ces tems ténébreux nous
offrent une multitude de Canons de
Conciles, de Statuts Synodaux & de
Mandemens d'Evêques pour le rappel
des bonnes régles. Ces réclamations
ne furent pas ſans effet pour ceux qui
dans le tems y furent attentifs, & par
la ſuite elles produiſirent de plus
grands fruits.

Le Parlement de Paris reconnut
l'indécence qu'il y avoit à faire ſervir
au plaiſir du peuple les Myſteres de la

(1) Nunquam defuit veritas Dei in ſanctis
ejus modò paucioribus, modò pluribus ut ſe
temporum veritas habuit & habebit. *S. Aug.*

Religion, d'autant plus que pour plaire au plus grand nombre, on les deshonoroit par une mixtion de farces scandaleuses. Cet auguste Tribunal les défendit par ses Arrêts des 9 Décembre 1541 & 19 Novembre 1548, & on ne vit plus repréfenter que des sujets profanes.

Le Concile de Trente défend auffi de faire jamais fervir l'Ecritue fainte à des fujets de divertiffement ; & il ordonne aux Evêques de punir des peines de droit ou arbitraires les téméraires violateurs de fon decret, auffi-bien que de la parole de Dieu (1).

Les Proteftans même reconnurent la néceffité de réformer un pareil abus. Ils firent à ce fujet une Loi,

(1) Temeritatem illam reprimere volens quâ ad profana quæque convertuntur & torquentur verba & fententiæ facræ fcripturæ ad fcurrilia fcilicet, fabulofa, vana, & mandat & præcipit ad tollendam hujufmodi irreverentiam & contemptum, ne de cætero quifpiam quomodolibet verba fcripturæ facræ ad hæc & fimilia audeat ufurpare, & omnes hujus modi homines temeratores & violatores verbi Dei juris & arbitrii pœnis per Epifcopos coerceantur. *Concil. Trident.*

qui ſe trouve dans le Recueil intitulé de *la Diſcipline des Proteſtans de France,* chap. 14, art. 28. En voici les termes : « Ne ſera loiſible aux fideles d'aſſiſter >> aux Comédies & autres Jeux joués en >> public ou en particulier, vu que de >> tout tems cela a été défendu entre » les Chrétiens, comme apportant >> corruption de bonnes mœurs, mais >> ſurtout quand l'Ecriture ſainte y eſt >> profanée. Et ſi en un Collége il étoit >> trouvé utile à la jeuneſſe de repré- >> ſenter quelque hiſtoire, on ne pour- >> ra le tolérer qu'à condition qu'elle >> ne ſera pas tirée de l'Ecriture ſain- >> te, qui n'eſt pas baillée pour être >> jouée, mais pour être purement >> prêchée. »

Lorſque les *Confreres de la Paſſion* ne purent plus repréſenter les Myſte- res, ils céderent leur Privilége à une troupe de Comédiens qu'on appelloit les *Enfans ſans ſouci.* Le chef de cette troupe s'appelloit le *Prince des Sots,* & leurs Drames étoient intitulés la *Sottiſe.* Ces Comédiens pour ſe mettre en honneur, commencerent à donner ſous le régne de *Charles VI.* quelques moralités burleſques, comme le *Fief ou Châtel de joyeuſe deſtinée*, le *Débat du cœur & de l'œil*, *l'Amoureux au Purgatoire*, de *l'Amour*, &c.

Les Clercs des Procureurs au Parment tranſigerent avec les *Enfans ſans ſouci*, pour donner au Public de pareilles repréſentations. Ils s'appelloient *Baſochiens*. Les Clercs de la Chambre des Comptes qui prirent le titre de *Juriſdiction du Saint Empire*, & ceux du Châtelet éleverent auſſi des Théatres; mais ils furent moins fréquentés. Les *Baſochiens* & les *Enfans ſans ſouci* eurent la préférence. Ils avoient pour Auteurs les meilleurs Poëtes du tems, comme *Clement Marot*, & avant lui *Corbueil* dit *Villon*, dont *Boileau* a dit:

Villon ſçut le premier dans ces ſiécles groſſiers
Débrouiller l'art confus de nos vieux Roman-
    ciers.   [*Art. Poét.*]

La plus célebre des anciennes farces eſt celle de *Patelin*. Le principal perſonnage dont cette Piéce porte le nom, étoit un nommé *Patelin*. Ses fourberies, ſes impoſtures & ſes intrigues étoient ſi connues, qu'on en fit le ſujet d'une piéce de Théatre. C'eſt ce qui a donné lieu de ſe ſervir de ces mots: *Patelin*, *patelinage*, pour exprimer le caractere d'un homme de mauvaiſe foi. Cette farce ſi vantée par *Paſquier* dans le huitieme Livre de ſes *Recherches de la France*, a ſervi de fond & de cannevas à la Comédie intitulée l'*Avocat Patelin*, qui ſe joue encore ſur le Théatre François.

Les Auteurs & les Acteurs les plus fameux des anciennes farces ſont *Tabarin*, *Turlupin*, *Gaultier-Garguille*, *Gros-Guillaume*, &c. leurs noms ont été admis dans la nomenclature françoiſe pour ſignifier un boufon, un baladin & un farceur.

. . . . . . Les *Turlupins* reſterent
Inſipides plaiſans, boufons infortunés,
D'un jeu de mots groſſiers partiſans ſurannés;

. . . .

Apollon traveſti devint un *Tabarin*.
Cette contagion infecta les Provinces,
Du Clerc & du Bourgeois paſſa juſques aux
　　　Princes. 　　　　[*Deſpr. Art. Poët.*]

Ces anciennes farces dont le mérite consiſtoit en pointes, en équivoques & en boufonneries, devinrent des ſatyres; & dans tous les Ordres, il y avoit des gens attaqués de la manie d'en faire les repréſentations. Le Parlement de Paris réforma cette licence, & il n'y eut que les *Enfans ſans ſouci*, qui pendant quelque tems demeurerent ſeuls en poſſeſſion de divertir le Public.

Jodelle [mort en 1573] fut le premier qui rappella les idées de l'art dramatique par ſes Tragédies de *Cléopatre & Didon.*

Les repréſentations qui ſe faiſoient par les *Enfans ſans ſouci*, rue des Mathurins à l'Hôtel de Cluny, parvinrent à mériter d'être défendues par Arrêt du Parlement de Paris, du 6 Octobre 1584.

On vit paroître vers l'année 1588 deux nouvelles troupes de Comédiens. Les uns étoient François & les autres venoient d'Italie. Ces derniers ſe nommoient: *li Geloſi.* Le Parlement de Paris refuſa de conſentir à leur établiſſement. On en a rapporté les motifs dans les Lettres précéden-tes page 161.

Ce ne fut qu'au commencement du dix-ſeptieme ſiécle, ſous *Henri IV.* & *Louis XIII,* que *Hardi* & *Rotrou* tirerent, dit-on, du milieu des rues & des carrefours la Tragédie & la Co-médie. Mais les Poëtes étoient encore ce qu'ils ont preſque tous été & ce qu'ils ſeront toujours. « Non - ſeule-» ment, dit M. le Préſident *Hénault* (1), » ils ſe reſſentoient de la corruption » du ſiécle, mais encore ils l'augmen-» toient, & ils gâtoient l'eſprit & le » cœur des jeunes femmes par des » Vers libertins & des Chanſons licen-» cieuſes. »

La troupe qui étoit alors chargée des repréſentations dramatiques, ſe qualifioit de Comédiens de *l'Elite Royale. Corneille* [né en 1606] la mit enſuite tellement en faveur, que dans l'enthouſiaſme de l'admiration des chefs-d'œuvres de ce Poëte, on obtint de *Louis XIII.* la déclaration du 16

(1) Dans ſon abregé de l'Hiſtoire de France.

Avril 1641, dont les Comédiens s'autorisent tant. Il en a été ci-devant parlé page 345.

Les drames de *Racine* [né en 1659], de *Moliere* [né en 1620] & de *Regnard* [né en 1647] : Les représentations des Tragédies lyriques de *Lulli* [né en 1633] & de *Quinault* : enfin la gaieté de la Comédie Italienne augmenterent la séduction des partisans des Théatres. On soutint qu'eu égard aux progrès de l'art dramatique, il n'y avoit rien à craindre pour les mœurs. Il fallut combattre les défenseurs de ce faux préjugé. C'est ce qui occasionna les Ecrits polémiques dont on va donner l'histoire.

Les apologies de nos Théatres y étant mises en opposition aux Ecrits qui les ont combattues, elles n'y paroîtront que comme des Ouvrages dangéreux dont il faut éviter l'illusion. On verra qu'elles tendent toutes plus ou moins à favoriser l'empire de la volupté, & que les Défenseurs des Théatres doivent succomber sous les armes de la raison & de la Religion.

*

Ce ſera toujours envain qu'on em-
ployera éloquence, aſtuce & ſophiſmes contre la vérité. Il ſuffit qu'elle
ſe montre pour triompher, & ramener à ſon drapeau les cœurs droits
qui auroient eu la foibleſſe de s'en
écarter. *O magna vis veritatis quæ
contra hominum ingenia, calliditatem,
ſolertiam, contraque fictas omnium
inſidias facilè & per ſeipſam defendat !*
Cicer. pro M. Cælio.

HISTOIRE

DES OUVRAGES

Pour & contre les Théatres publics.

IL parut ſur la fin du dernier ſiecle
un Livre intitulé :

HISTOIRE & Abrégé des Ouvrages
latins, italiens & françois, pour &
contre la Comédie & l'Opéra. *Orléans,*
1697.

M. *Lalouette,* qui en eſt l'Auteur,

y a compris tous les écrits qui dans le tems firent le plus d'impreffion. Comme ce Livre intéreffant eft devenu rare, on va y fuppléer par un extrait, qui, à l'égard du dernier fiécle, donnera des notices exactes fur les Ouvrages dont il s'agit de donner l'hiftoire.

Le Livre de M. *Lalouette* eft dogmatique & hiftorique.

L'Auteur donne dans la partie dogmatique un expofé de la Doctrine de l'Ecriture fainte, des Conciles & des Peres de l'Eglife fur la Comédie.

L'Auteur cite de l'Ecriture fainte le Livre des Proverbes, c. 4, v. 23 ; le Livre de l'Eccléfiaftique, c. 3, v. 27, c. 9, v. 8 & 9 ; l'Evangile S. Matthieu, c. 5, v. 28, c. 18, v. 6 ; l'Epître de S. Paul aux Eph. c. 5, y. 3 & 4, &c.

On fçait que le mot de *Comédie* n'eft pas nommé dans l'Ecriture fainte, parce que les Jeux fcéniques n'étoient pas en ufage chez le Peuple Juif. Mais comme ils n'ont d'autre fin que d'infpirer des paffions déréglées qui, felon même la philofophie

Payenne, ſont les maladies des ames; ils ſe trouvent implicitement condamnés (1) par ce premier précepte de la Morale ſacrée : « Regnez ſur vos » ſens & ſur vos paſſions; *Sub te erit* » *appetitus, tu dominaberis illius* (2); » précepte dont un *Séneque* par les ſeules lumieres de la raiſon reconnoiſſoit la néceſſité pour conſerver à l'ame la ſupériorité qu'elle a ſur le corps. « L'ame, dit-il, tient dans le corps le » même rang que Dieu dans l'Univers; » que le corps obéiſſe donc à l'ame, » comme l'Univers à Dieu : elle eſt » trop élevée par ſa nature pour que je » veuille la dégrader juſqu'à la rendre » eſclave du corps, en me livrant au » langage des ſens. » *Quem in hoc mundo*

______

(1) Veritas, ſi ad hæc uſque deſcenderet, peſſimè de fidelibus ſuis ſenſiſſet. Plerumque in præceptis quædam utilius tacentur. Præceptorum loco ſeveritas loquitur, & ratio docet quæ ſcriptura ſacra conticuit. Prohibuit ſpectari quos prohibet geri. Omnia iſta ſpectaculorum genera damnavit quandò idololatriam ſuſtulit unde hæc vanitatis & levitatis monſtra venerunt. *S. Cypr. de Spect.*

(2) Geneſ. c. 4.

*locum Deus obtinet, hunc animus in ho-
mine ; serviant ergò deteriora melioribus.
Major sum quàm ut mancipium sim
corporis mei* (2). C'eſt par une conſéquence de ce principe, que ce Philoſophe étoit ſi ſévere à l'égard des
Spectacles Dramatiques, comme on
l'a ci-devant vu, pag. 139.

M. *Lalouette* paſſe des citations de
l'Ecriture ſainte aux Canons des Conciles. Il cite les Canons 62 & 67 du
Concile d'*Elvire*, tenu l'an 305. Le
Canon 5 du premier Concile d'*Arles*,
tenu l'an 314, & ce Canon fut confirmé par le deuxieme Concile d'*Arles*,
tenu l'an 452. Le ſixieme Concile
général tenu à *Conſtantinople* en 680,
eſt auſſi très-ſévere contre les Théatres publics : le quatrieme Canon du
Concile de *Bourges*, tenu l'an 1584,
ne l'eſt pas moins.

Et depuis qu'on n'a plus tenu de
Conciles auſſi fréquemment, la Doctrine de l'Egliſe à l'égard des Spectacles ſe trouve conſtatée par les Rituels
ou les Actes des Synodes des Diocèſes.

(1) *Senec.* Ep. 65.

M. *Lalouette* cite entr'autres le Rituel de *Châlons-ſur-Marne* de 1649, celui de *Paris* de 1654 & 1674, ceux de *Sens*, d'*Aleth*, de *Langres*, de *Coutances*, de *Bayeux*, *Rheims*, &c.

Quant à la Tradition des Peres de l'Egliſe, M. *Lalouette* rapporte des paſſages du Livre de *Tertullien* ſur les Spectacles, du Traité de *Saint Cyprien* ſur le même ſujet, de la quatrieme Homélie de *Saint Baſile in Hexameron*, de la quinzieme Homélie de *Saint Jean Chryſoſtôme* au Peuple d'Antioche, de la troiſieme Homélie du même Pere ſur *Saül & David*. On cite encore de *Saint Ambroiſe* le premier Chapitre de ſon Traité de la fuite du ſiécle, le troiſieme Livre des Confeſſions de *Saint Auguſtin*, &c.

Enfin M. *Lalouette* indique un Bref du Pape *Innocent* XII, auquel on peut ajouter ceux des Papes *Clement* XI, *Benoît* XIV & *Clement* XIII, qui ſont autant de déciſions contre les Spectacles publics, & qu'on a ci-devant cités pages 169 & 170.

Voilà ce qui concerne la partie

Dogmatique du Livre de M. *Lalouette.*
La partie Historique contient les notices des Ouvrages qui parurent dans
le dernier siécle pour & contre les
Théatres. On va les indiquer dans
l'ordre de leurs dates.

M. *Lalouette* nous apprend que *Hédelin d'Aubignac* est le premier Auteur
François, qui dans le dernier siécle
ait osé entreprendre de justifier les
Théatres publics. Il le fit dans deux
Ouvrages qu'il donna en 1657, le
premier intitulé :

Pratique du Théatre.

Le second a pour titre :

Projet pour le rétablissement du
Théatre François.

Ce dernier est demeuré imparfait.

Hédelin y avoue les difficultés de
justifier les Théatres : « On a contre
» soi, dit-il, 1°. la créance commune
» des Peuples, que c'est pécher contre
» les regles du Christianisme que d'y
» assister. 2°. L'infamie dont les Loix
» ont noté les Comédiens. »

Cet aveu accuse & condamne la
témérité de cet Auteur... *Habemus*

conſitentem reum. D'ailleurs, c'étoit un Poëte de Théatre; il défendoit ſa propre cauſe.

En 1666 on vit paroître une Apologie de la Comédie ſous ce titre:

DISSERTATION ſur la condamnation des Théatres.

On l'attribua à *Hédelin d'Aubignac.*

En 1694 les Partiſans du Théatre imaginerent de donner le fameux & pitoyable écrit intitulé:

LETTRE d'un Théologien, illuſtre par ſa qualité & par ſon mérite.

Cette Lettre avec un ſi beau titre n'eut pour approbateurs que des Poëtes dramatiques; & elle ne put être imprimée qu'à la tête & qu'à la faveur d'un recueil de Piéces comiques. On l'attribua au P. *Caffaro;* mais on doit s'en tenir au déſaveu qui en fut fait par ce Religieux. Auſſi ne l'a vit-on plus paroître ſous ſon premier titre, mais ſeulement ſous celui d'*un homme d'érudition & de mérite.* Ce dernier titre ne lui convient pas mieux. Tous les efforts de l'Auteur pour donner quelque couleur à une mauvaiſe cause, ne tendent qu'à essayer d'embrouiller la matiere qui en est l'objet; & les raisons dont il se sert sont si frivoles, qu'elles ne peuvent éblouir que des personnes faciles à tromper sur ce qui les flatte. Cette Lettre excita avec raison la plus grande clameur.

On opposa à toutes ces apologies du Théatre un grand nombre d'écrits lumineux, qu'on va indiquer dans l'ordre de leurs dates en commençant par faire connoître deux bons Ouvrages, qui avoient paru en Italie quelques années avant les écrits scandaleux de l'Abbé *d'Aubignac.*

IN ACTORES ET SPECTATORES Comædiarum Parænesis Auctore Francisco Maria del Monacho Siculo, *Patavii,* 1630.

Cet Ouvrage se trouve à la Bibliothéque du Roi. Son objet est de soutenir cette assertion de MARIANA : *Censeo licentiam Theatri afferre certissimam pestem moribus Christianis.* C'est-à-dire, j'estime que la liberté qu'on se donne d'assister aux Spectacies du Théatre, est assurément une peste pour les mœurs des Chrétiens.

Della Moderazione Christiana del Teatro da Ottonelli. *Florenza,* 1645 & 1652, 3 vol. *in-4°.*

Cet Ouvrage Italien se trouve aussi à la Bibliothéque du Roi. Le résultat de cet ample traité est de prouver qu'il seroit plus sûr & plus utile de défendre absolument les Spectacles, que d'entreprendre de les réformer. Et cette thèse est établie sur cette maxime d'un ancien Auteur. *In omni Spectaculo nullum magis scandalum occurrit quàm ille ipse mulierum & virorum accuratior cultus, ipsa consensio, ipsa in favoribus aut conspiratio aut dissensio, inter se de commercio scintillas libidinum conflabellant. Nemo denique in Spectaculo ineundo prius cogitat nisi videri & videre.* Ce passage expose tous les risques que l'on court pour les mœurs dans des Spectacles, où, comme le disoit *Ovide,* les hommes & les femmes ne sont excités à aller que par le desir de voir & d'y être vus, & de s'animer réciproquement

aux

aux paffions qui réfultent néceffaire-
ment d'un pareil motif.

TRAITÉ DE LA COMÉDIE.

M. *Nicole* [né à Chartres le **13** Octobre **1625**, & mort à Paris le **16**
Novembre **1695**] en eft l'Auteur. Ce
Traité fe trouve dans le troifieme tome
de fes Effais de Morale. Il fut fait vers
1658, pour réfuter les écrits d'*Hédelin d'Aubignac.*

PENSÉES SUR LES SPECTACLES.

Elles font auffi de M. *Nicole*, &
elles fe trouvent dans le cinquieme
tome de fes Effais de Morale. On fçait
que tous fes Traités de Morale ont
produit des biens innombrables. On
y trouve un enchaînement conti-
nuel de preuves & de raifonnemens fi
fuivis de principes en principes, & de
conféquences en conféquences, qu'un
fameux incrédule difoit de cet Auteur: *Quand on le lit, il faut prendre
garde à foi ; fi on lui paffe quelque chofe,
il arrache le confentement, & on eft
bientôt confondu.*

Le début du Traité de la Comédie, fait connoître que ce n'eft guere

que dans le siecle dernier que l'on a
entrepris de juſtifier la fréquentation
des Théatres. « Les autres siecles,
» dit M. *Nicole*, étoient plus simples
» dans le bien & dans le mal. Les
» perſonnes qui avoient la paſſion du
» Théatre, reconnoiſſoient au moins
» qu'elles ne ſuivoient pas en cela les
» regles de la Religion Chrétienne ;
» mais dans ce siecle on ne ſe con-
» tente pas de ſuivre le vice, on veut
» encore qu'il ſoit honoré, & qu'il ne
» ſoit pas flétri par le nom honteux du
» vice qui trouble toujours un peu le
» plaiſir que l'on y prend par l'horreur
» qui l'accompagne. »

Toutes les penſées de ce grand Philoſophe ſur les Spectacles ſont inté-
reſſantes : on n'en citera que celles-ci
du 5me tome de ſes *Eſſais de Morale*.

« C'eſt un effet du premier péché,
» & la ſource de tous les autres, de
» n'avoir point de goût pour les biens
» ſpirituels, & de n'en avoir que de
» foibles idées. La Religion & la Foi
» tâchent de remédier à ce déſordre ;
» mais les Spectacles rendent le dé-

» goût des vrais biens encore plus
» grand, & en affoïbliffent encore
» plus les idées. On y apprend à juger
» de toutes chofes par les fens, à ne
» regarder comme bien que ce qui les
» fatisfait, & à ne confidérer comme
» fubfiftant & réel que ce qui les frap-
» pe. Au lieu de travailler à guérir
» les plaies qu'ils ont faites à l'ame,
» & à la délivrer de la dépendance
» où elle eft à leur égard, on fortifie
» les liens qui l'afferviffent, on les
» multiplie , & on la contraint en
» quelque forte à être toute dans les
» yeux & dans les oreilles. On l'at-
» tire du dedans au dehors, où elle
» avoit déja tant d'inclination à fe pro-
» duire & à fe répandre ; & on la fait
» fortir de fon cœur, où elle avoit
» déja tant de peine à rentrer. On lui
» cache fon véritable bonheur ; on
» l'amufe par des chofes frivoles: &
» au lieu de fatisfaire fa faim pour une
» nourriture folide, on la trompe en
» ne lui donnant que des viandes pein-
» tes, ou en l'empoifonnant par l'er-
» reur & le menfonge. On apprend

» aussi aux Spectacles deux choses éga-
» lement funestes; l'une à s'ennuyer
» de tout ce qui est sérieux, & par
» conséquent de tous ses devoirs;
» l'autre à trouver cet ennui insup-
» portable, & à en chercher le remede
» dans la dissipation. Le premier de
» tous ces désordres est un obstacle à
» toutes les vertus, & le second est
» une entrée à tous les vices; mais l'un
» & l'autre sont certainement la suite
» des Spectacles, & toujours dans la
» même proportion qu'on les aime
» & qu'on y est assidu. »

TRAITÉ CONTRE LES DANSES &
les Comédies, composé par S. *Charles
Borromée*. Paris, 1664.

Cette traduction fut imprimée à
Toulouse en 1662, & elle fut dédiée
à Madame la *Princesse de Conti*.

Il a paru depuis peu un très-bon
Ouvrage, où l'on trouve des armes
de toute espéce pour combattre avec
succès les Apologistes de la Danse &
de la Musique voluptueuse. Voici le
titre de cet Ouvrage:

TRAITÉ contre les Danses & les

mauvaifes Chanfons, dans lequel le danger & le mal qui y font renfermés, font démontrés par les témoignages multipliés des faintes Ecritures, des faints Peres, des Conciles, de plufieurs Evêques du fiécle paffé & du nôtre, d'un nombre de Théologiens moraux, de Cafuiftes, de Jurifconfultes, de plufieurs Miniftres Proteftans, & enfin des Payens mêmes. *Paris,* Boudet 1769.

TRAITÉ DE LA COMÉDIE & des Spectacles, par M. *le Prince de Conti.* Paris, 1666.

DÉFENSE DU TRAITÉ de M. *le Prince de Conti,* fur la Comédie & les Spectacles, par M. *Voifin,* Prêtre, Docteur en Théologie, Confeiller du Roi. *Paris,* 1672.

TRAITÉ DE LA COMÉDIE, inféré dans l'Education Chrétienne des Enfans. *Paris,* 1672.

RÉPONSE A LA LETTRE d'un Théologien défenfeur de la Comédie. *Paris,* 1694.

RÉFUTATION D'UN ÉCRIT favorifant la Comédie. *Paris,* 1694.

On y a mis cette Epigraphe :
Donare res ſuas Hiſtrionibus, vitium eſt immane.

Donner ſon bien aux Comédiens, c'eſt un vice énorme. Le P. de la *Grange*, Chanoine Régulier de S. Victor, eſt l'Auteur de cette Réfutation.

DÉCISION FAITE EN SORBONNE touchant la Comédie. *Paris*, 1694.

Cette déciſion eſt du 20 Mai 1694, elle eſt ſignée de ſix Docteurs dont voici les noms : *Fromageau, Durieux, de Blanger, l'Huillier, de la Coſte, & Bonnet.* Cette déciſion qui contient 132 pages *in-*12 eſt un Traité intéreſſant ſur la matiere qui en eſt l'objet.

RÉFUTATION DES SENTIMENS relâchés du nouveau Théologien touchant la Comédie. *Paris*, 1694.

L'Auteur de ce ſolide Ouvrage déclare [pag. 133] avoir été amateur des Spectacles. « Je ne connois point, dit-» il, d'eſprit plus oppoſé à l'eſprit du » Chriſtianiſme que l'eſprit de la Co-» médie. J'en ai été peut-être auſſi » entêté qu'un autre ; mais j'avoue, à

» ma confufion, que je n'ai jamais été
» moins Chrétien que pendant cet
» entêtement. On fe trouve dans un
» certain relâchement, dans un je ne
» fai quel vuide de Dieu, dans une
» indifpofition & une inapplication fi
» grande dans les exercices de la Re-
» ligion, que quand même on ne fe-
» roit pas engagé dans de grands dé-
» fordres, on peut dire que l'on vit
» parmi les Chrétiens d'une maniere
» toute payenne; & c'eft un mal qui
» ne vient pas tout d'un coup, mais
» peu-à-peu, d'une maniere imper-
» ceptible & par degrés; car le crime
» a les fiens de même que la vertu.....
» L'harmonie de l'ame eft entiere-
» ment diffipée à la Comédie, puif-
» qu'on y perd ordinairement les fen-
» timens de la pudeur, de la piété &
» de la Religion fi l'on y va fouvent;
» & elle y eft fort ébranlée pour peu
» qu'on y aille, en ce qu'elle excite
» & réveille les paffions, qu'elle fait
» ou doit faire cet effet dans tout le
» monde; parce que c'eft fon but, fa
» fin & fon deffein, & que ce n'eft

» que par accident qu'elle ne le fait
» pas toujours. »

Discours sur la Comédie. *Paris,*
1694.

Le prétendu Théologien Défenſeur
de la Comédie, eſt réfuté dans cet
Ouvrage par les ſentimens des Docteurs de l'Egliſe depuis le premier
ſiecle juſqu'à préſent. Le P. le *Brun*
de l'Oratoire eſt l'Auteur de ces
Diſcours, dont il y a eu pluſieurs
éditions.

Sentimens de l'Eglise & des
Saints Peres, pour ſervir de déciſions
ſur la Comédie & ſur les Comédiens,
avec cette Epigraphe : *Nolite commu-*
nicare operibus infructuoſis tenebrarum,
magis autem redarguite. Ep. S. Paul
aux Epheſ. ch. 5. v. 11. *Paris,* 1694.

Lettre d'un Docteur de Sorbonne, à une perſonne de qualité, ſur
le ſujet de la Comédie [par Jean *Ger-*
bois.] *Paris,* 1694.

Lettre Françoise et Latine
du P. *François Caffaro,* à M. *de Harlai,*
Archevêque de Paris, 1694.

Ce Religieux y déſavoue la Lettre du prétendu Théologien qu'on lui avoit attribuée. Cette rétractation édifiante est imprimée à la fin de ce volume, elle donna lieu à l'Ouvrage suivant.

MAXIMES ET RÉFLEXIONS sur la Comédie , par M. *Jacques Benigne Bossuet*, Evêque de Meaux [né à Dijon le 27 Septembre 1627 , & mort à Paris le 12 Avril 1704.] *Paris,* 1694.

Voici le jugement que l'Auteur du Journal des Sçavans de l'année 1694 porta de cet Ouvrage :

« Ces maximes & réflexions plei-
» nes de principes de religion , décou-
» vrent avec une entiere évidence le
» mal que font ceux qui assistent à la
» Comédie, & le scandale qu'ils y
» donnent. On y voit les dispositions
» dangéreuses & imperceptibles qui
» s'y apportent & qui s'y prennent,
» la concupiscence qui s'y répand par
» tous les sens dans l'esprit & dans le
» cœur. »

Cet Ecrivain périodique eut à rendre compte d'Ouvrages fort opposés

⟨l⟩es uns aux autres ſur la matiere des
Spectacles. Il ſoutint le caractere d'un
bon & judicieux Journaliſte. On ne
le vit pas dans ſes extraits prêter du
ſecours aux partiſans de l'erreur. Et
il manifeſta ſon reſpect pour la vérité
dans le compte qu'il rendit des Ecrits
où l'on ſoutenoit la bonne cauſe.

Que ceux qui citent comme favorable aux Théatres la réponſe que
M. *Boſſuet*, Evêque de Meaux, fit à
Louis XIV, & qui a été ci-devant
rapportée [page 85] liſent les maximes & les réflexions de ce Prélat ſur
la Comédie. Ils ne reconnoîtront dans
cette réponſe qu'une inſtruction donnée ingénieuſement & avec prudence
à un grand Monarque. Et alors ils ne
s'autoriſeront plus du préjugé vulgaire
ſur le *banc* qu'on dit que les Evêques
avoient autrefois aux Spectacles de la
Cour, & dont il a été ci-devant parlé
page 249.

Il eſt vrai qu'il eſt rapporté dans
les Mémoires de M. de *Montchal* que
le Cardinal de *Richelieu* fit exécuter à
la Cour & dans ſon Palais pluſieurs

représentations de Drames & de Ballets. Et comme dans ces Ballets les
Princes & les Seigneurs étoient Acteurs, on y invitoit toutes les personnes de la Cour sans en excepter les
Prélats ; mais ce que nous devons penser de la foiblesse de ce Cardinal nous
est suggéré par les mêmes Mémoires.

« Le Cardinal de *Richelieu*, y est-il
» dit, autorisoit la Comédie par sa pré-
» sence aux Spectacles de la Cour, &
» l'introduisant dans son Palais Car-
» dinal en quoi il se conduisoit par
» un esprit bien contraire à celui de
» tous les Peres de l'Eglise, qui l'ont
» rejettée & condamnée comme la
» corruption des mœurs, & une école
» publique de libertinage. »

Convient-il de s'autoriser de faits
rapportés comme des scandales ? Aussi
M. de *Montchal* nous apprend que les
Prélats vertueux éleverent leur voix
contre cette licence, tel fut entr'autres M. *Godeau,* Evêque de Grasse (1).

Un Amateur zélé des Spectacles en

(1) Voyez les Mém. de M. de *Montchal,*
tom. 1. p. 107 ; & tom. 2. p. 59 & 115.

a doṅné une Hiſtoire ſous ce titre : LETTRES HISTORIQUES ſur tous les Spectacles de Paris, 1719.

Cet Auteur cite comme des Anecdotes avantageuſes aux Théatres, que le Cardinal *Mazarin*, en 1647 & 1660, fit venir d'Italie des Acteurs pour repréſenter les Opera Italiens, *Orfée é Euridice*, & *Hercole amante*, & qu'il doit être regardé comme l'Inſtituteur de l'Opera en France.

Cependant cet Hiſtorien convient que ſi ce Cardinal avoit prévu les abus qui ſe ſont introduits dans ce Spectacle, il ne l'auroit pas établi.

Mais ces Anecdotes de 1647 & de 1660, n'ont pour objets que des fêtes de Cour extraordinaires. L'Opera par exemple, *Hercole amante* orné de Ballets magnifiques, fut repréſenté à l'occaſion du mariage de *Louis XIV* avec *Marie Théreſe d'Autriche* (1). Les al-

(1) Infante d'Eſpagne *qui n'étant pas encore mariée*, dit M. Boſſuet, *faiſoit paroître plus de belles qualités qu'elle n'attendoit de Couronnes.* Elle mourut le 30 Juillet 1683. Le Roi qui honoroit ſa vertu, dit en apprenant ſa mort : *Voilà le premier chagrin qu'elle m'ait jamais cauſé.*

liances des auguftes Maifons de *France*
& *d'Autriche* ont été pour notre Nation des fujets de fêtes brillantes &
pómpeufes, parce que le bonheur des
Peuples a toujours été attaché à l'u-
nion de ces deux puiffantes Maifons,
que Dieu, dit M. *Boffuet* (1), a fait
naître pour balancer les chofes humaines (2).

C'eft par ce motif que tous les François ont manifefté avec tant d'empreffement & de zèle leur joie au fujet du
mariage de Monfeigneur le DAUPHIN
avec MARIE-ANTOINETTE, Archi-
ducheffe d'*Autriche* (3). L'avenir le

(1) Oraifon funébre de *Marie-Thérefe d'Au-*
triche, par M. *Boffuet.*

(2) Le bonheur des Empires dépend moins
de l'or & de l'argent, que du choix, du nombre & de la confiance des Alliés. *Reipublicæ*
opes effe exiftimo focios, fidem & benevolentiam.
Demofth. Philip. 4.

(3) Célébré à VERSAILLES le 16 Mai 1770.
On compte actuellement treize alliances de
la Maifon d'Autriche, & vingt-une de la
Maifon de Lorraine avec la Maifon de France,
fans compter deux alliances contractées par
la Maifon d'Alface, tige commune des deux
premieres avec la feconde Race de nos Rois.

*

plus heureux doit être le fruit d'une union auſſi-bien aſſortie tant pour la grandeur mutuelle de la naiſſance des deux auguſtes Epoux, que pour leurs qualités perſonnelles. Que n'a-t-on pas en effet à eſpérer de Monſeigneur le DAUPHIN, dont les vertus dominantes ſont de réfléchir beaucoup, de mépriſer le faſte, de ne vouloir annoncer ſa grandeur que par des actions d'humanité, de haïr la flatterie, & d'aimer la vérité (1). Il mérite donc

On en trouve l'hiſtorique dans un Ouvrage intéreſſant que M. le Baron de *Zurlauden* vient de donner ſous ce titre : *Tables généalogiques des auguſtes Maiſons d'Autriche & de Lorraine, & leurs alliances avec l'auguſte Maiſon de France*, précédées d'un *Mémoire ſur les Comtes d'Hauſbourg, tige de la Maiſon d'Autriche*. Paris, *Deſſaint* 1770.

(1) Toutes ces belles qualités ſont fort bien exprimées dans un Diſcours latin d'une compoſition ingénieuſe que M. *Ricart*, Profeſſeur d'Eloquence au Collége d'Auxerre, prononça à l'occaſion de ce Mariage le 23 Juin 1770, dans ce Collége, en préſence d'une aſſemblée de tous les Ordres de la Ville. Noſtis, dit cet Orateur, in DELPHINO Principe quam à patre hæreditariam accepit, juſtam laboris patientiam, quâ ſemper æquâ ratione ſtudii & otii

bien d'avoir pour épouse une Princesse qui a reçu du Ciel la plus belle ame,
& qui a eu le précieux avantage d'être
élevée par une Mere qui est un modele pour tous les Souverains. « Nous
» croyons, a dit (1), au nom de toute
la France, M. de *Coetlosquet*, ancien
Evêque de Limoges, & Précepteur
des Enfans de France, » nous croyons
» appercevoir dans Madame la DAU-
» PHINE, son auguste Mere, l'hon-
» neur de son sexe, & l'héroïne de son

horas amat intermiscere : gravem nostis ac
majorem ætate sobrietatem verborum & cogi-
tationis copiam quæ virum indicat plurima
volventem animo, & sua, quæ multa, mag-
naque sunt, officia tacitè reputantem. Gene-
rosum nostis cultûs simplicioris amorem ab
omni prorsùs abhorrentem luxuriâ, cum eâ
ætate DELPHINUS intellexerit, illum naturæ
magis convenienter vivere, qui fastum omnem interciderit, magnumque ac verè subli-
mem esse hominem qui propriâ surgit altitu-
dine, nullam ab externo apparatu amplitu-
dinem mutuatus.... Nostis etiam DELPHINUM
Principem fore cui veritas magis placeat quàm
adulatio & obsequium.

(1) Dans sa réponse au Discours de récep-
tion de M. de *Saint-Lambert* à l'Académie
Françoise, le 23 Juin 1770.

» ſiecle par ſa ſageſſe & par ſon coura-
» ge (I), de même que nous reconnoiſ-
» ſons dans Monſeigneur le DAUPHIN
» l'héritier des vertus d'un Pere(*)dont

(I) Altos [dit auſſi M. *Ricart* dans le même Diſcours ci-deſſus cité] ut ita dicam animæ ſuæ ſpiritus MARIÆ quaſi transfudit THERESIA & totam veluti mentem inſpiravit. Vivit, vivit Mater in filiâ, utrâque ſimul fruimur nec magis Viennæ ad Allemanorum quàm Lutetiæ ad Gallorum felicitatem regnabit THERESIA.

(*) LOUIS, DAUPHIN DE FRANCE, mort à Fontainebleau le vingt Décembre 1765. Ce Prince diſoit à ceux qu'il honoroit du titre d'amis : *Offrez-moi la vérité ſans détour, ſi vous m'en croyez digne.* Il refuſa un ſupplément de penſion ; *je donnerois*, diſoit-il, *le ſurplus, j'aime mieux qu'on le retranche ſur les Tailles.* Lorſqu'on ſuppléa à ſes enfans les cérémonies du Baptême, il ſe fit apporter le regiſtre Baptiſtaire, il remarqua que les noms des jeunes Princes s'y trouvoient après celui du fils d'un Artiſan. *Apprenez de-là*, leur dit-il, *que tous les hommes ſont égaux par le droit de la nature & aux yeux de Dieu qui les a créés.* Il avoit fort à cœur qu'on inſpirât à ſes enfans les ſentimens d'humanité. *Conduiſez-les*, diſoit-il, *dans la chaumiere du Payſan, qu'ils voient le pain dont ſe nourrit le pauvre, & qu'ils apprennent à pleurer.* Voyez la Vie de ce Prince par M. l'Abbé *de Villiers*. Paris 1769, & l'Ouvrage intitulé : *Gallerie Françoiſe*. Paris, 1770.

>> la mémoire sera toujours en béné-
>> diction. >>

Ce fut donc à l'occasion d'une pareille alliance que l'Opera *Hercole amante*
fut représenté à la Cour en 1660. Mais
de l'appareil & des étiquettes des fêtes
de la Cour, il ne faut rien conclure en
faveur des Théatres publics.

Ainsi c'est sans fondement que l'Auteur des Lettres historiques sur les
Spectacles, donne le Cardinal *Mazarin*
pour l'instituteur de l'Opera, c'est-à-
dire, de ce Spectacle public de Paris,
que M. de *Saint - Evremond* appelle
« une sottise chargée de musique, de
>> danses, de machines, de décorations
>> une sottise magnifique, mais tou-
>> jours une sottise, un travail bizarre
>> de poésie & de musique, où le Poëte
>> & le Musicien également gênés l'un
>> par l'autre, se donnent bien de la
>> peine à faire un méchant Ouvra-
>> ge*>>. Cette idée de M. de *Saint-Evre-*
mond se trouve développée dans la
Description suivante qui parut il y a

---

* Œuvres *de Saint - Evremond*, tome 3,
édition de 1739.

quelques années, & qu'on attribue à
un célebre Poëte comique.

J'ai vu le Soleil & la Lune
Qui faiſoient des diſcours en l'air,
J'ai vu le terrible Neptune
Sortir tout friſé de la mer.

J'ai vu l'aimable Cythérée
Au doux regard, au tein fleuri
Dans une machine entourée
D'amours natifs de Chambéri.

J'ai vu le maître du tonnerre
Attentif aux coups de ſifflet,
Pour lancer les feux ſur la terre,
Attendre l'ordre d'un valet.

J'ai vu du ténébreux Empire
Accourir avec un pétard
Cinquante Lutins pour détruire
Un palais de papier brouillard.

J'ai vu des Dragons fort traitables
Montrer les dents ſans offenſer.
J'ai vu des poignards admirables
Tuer les gens ſans les bleſſer.

J'ai vu l'Amant d'une Bergere,
Lorſqu'elle dormoit dans un bois,
Preſcrire aux oiſeaux de ſe taire,
Et lui chanter à pleine voix.

J'ai vu des Guerriers en allarme
Les bras croisés & le corps droit,
Crier cent fois, courons aux armes,
Et ne point sortir de l'endroit.

J'ai vu ce qu'on ne pourra croire,
Des Tritons, animaux marins
Pour danser, troquer leurs nageoires
Contre une paire d'escarpins.

Dans des Chaconnes & Gavottes
J'ai vu des fleuves sautillans
J'ai vu danser deux matelottes,
Trois jeux, six plaisirs & deux vents.

Dans le char de Monsieur son pere,
J'ai vu Phaéton tout tremblant
Mettre en cendres la terre entiere
Avec des rayons de fer blanc.

J'ai vu Rolland dans sa colere
Employer l'effort de son bras
Pour pouvoir arracher de terre
Des arbres qui n'y tenoient pas.

J'ai vu souvent une furie
Qui s'humanisoit volontiers ;
J'ai vu des faiseurs de magie
Qui n'étoient pas grands Sorciers.

J'ai vu des ombres très-palpables
Se trémouſſer au bord du Styx ;
J'ai vu l'enfer & tous les Diables
A quinze pieds du Paradis.

J'ai vu Diane en exercice
Courir le Cerf avec ardeur ;
J'ai vu derriere la couliſſe
Le Gibier courir le Chaſſeur.

J'ai vu Mars deſcendre en cadence ;
J'ai vu des vols prompts & ſubtils ;
J'ai vu la Juſtice en balance,
Et qui ne tenoit qu'à deux fils.

J'ai vu la vertu dans un temple
Avec deux couches de carmin,
Dans ſon vertugadin très-ample
Moraliſer le genre humain.

J'ai vu trotter d'un air ingambe
De grands Démons à cheveux bruns ;
J'ai vu des Morts friſer la jambe
Comme s'ils n'étoient pas défunts.

J'ai vu par un deſtin bizarre,
Les Héros de ce pays-là
Se déſeſpérer en béquarre,
Et rendre l'ame en là, mi, là.

J'ai vu plus d'un fier militaire,
Se croire digne de laurier,
Pour avoir étendu par terre
Des monſtres de toile & d'oſier.

J'ai vu Mercure en ſes quatre aîles
Nè trouvant pas de ſureté,
Prendre encore de bonnes ficelles
Pour voiturer la Déité.

Quand il ſeroit vrai que le Cardinal *Maʒarin* eût été l'inſtituteur de ce Spectacle, on auroit à obſerver que ſi l'on a à citer quelques Eccléſiaſtiques élevés en dignité, qui ſe ſont déclarés en faveur du Théatre, ils n'étoient pas alors la bonne odeur du Clergé. On ſçait que *Léon X, Triſſino, Bibiena,* & les autres que M. de *Chamfort* rappelle avec la plus grande préſomption dans ſon Eloge de *Moliere,* n'ont pas brillé par leur ſainteté. Le caractere des dignités éminentes dont ils étoient revêtus, ne donne aucun poids à leurs foibleſſes. Le miniſtere Eccléſiaſtique eſt angélique, mais les Miniſtres ſont des hommes,

Myſteriorum Dei habent theſaurum in vaſis fictilibus. Ils ſont ſujets à des défauts. Qu'en doit-on conclure ? Que les ſimples Fideles doivent encore plus craindre pour eux-mêmes. *Lapſus majorum, tremor minorum.*

On peut auſſi remarquer en général, que le zèle des Apologiſtes du Théatre a toujours été aſſez en proportion avec le plus ou le moins de reſpect qu'ils ont eu pour la Religion Chrétienne. Quand, par exemple, M. de *Chamfort* dans le même Eloge de *Moliere*, ne réduit les cérémonies funebres de la ſépulture Eccléſiaſtique qu'à un *peu de terre* qu'on jette ſur le cercueil, & qu'on doit accorder indifféremment, il n'eſt pas étonnant qu'il ſoit ſurpris de ce qu'on l'a refuſé à *Moliere* (1). Mais il ignore

(1) L'homme le plus extraordinaire de ſon temps [*Moliere*] meurt. Ses amis ſont forcés de cabaler pour lui obtenir un peu de terre. On la lui refuſe long-temps. On déclara ſa cendre indigne de ſe mêler à la cendre des *Harpagons* & des *Tartufes* dont il a vengé ſon pays. Et il faut qu'un Corps illuſtre [l'Académie Françoiſe] attende cent années pour ap-

donc que les prieres & les cérémonies sacrées des obseques des Chrétiens, n'ont toujours été censées être accordées qu'à ceux dont les fautes publiques ou secrettes sont présumées avoir été réparées par un repentir sincere. Si M. de *Chamfort* en avoit eu cette

prendre à l'Europe que nous ne sommes pas tous des barbares. Eloge de *Moliere* par M. de *Chamfort*, couronné par l'Ac. Franç. en 1769.

M. *Fréron* en relevant dans le trente-unieme cahier de son Année Littéraire 1769, les défauts Littéraires de l'Eloge de *Moliere*, par M. de *Chamfort*, laisse ingénieusement entrevoir sa surprise de ce que l'Académie Françoise a proposé l'Eloge d'un Poéte Comédien après ceux des *Sullis*, des d'*Aguesseaux*, des *Saxes*, des *Duguay-Trouins*, des *Descartes*. On doit en être d'autant plus étonné, que *Moliere*, dit M. *Fréron*, parut faire si peu de cas d'une place dans l'Académie Françoise, qu'il ne voulut pas pour se la procurer renoncer à jouer les rôles de valet. Au reste, il n'y avoit eu que quelques Académiciens qui individuellement avoient eu la pensée de l'avoir pour Confrere. Mais il y a lieu de présumer que si la proposition en avoit été faite au Corps Académique assemblé, elle auroit été rejettée, parce qu'on n'étoit pas encore parvenu à manquer facilement aux égards qu'on doit à la Religion & aux mœurs.

idée, il ne ſe ſeroit pas ſans doute permis une expreſſion qui inſulte à cet
égard la Religion du Monarque & de
la Patrie, comme le fit M. de *Voltaire*
à l'occaſion de la le *Couvreur*. Il en a
été ci-devant parlé pages 73 & 342.
On ſçait que cette Actrice qui mourut le 30 Mars 1730, n'ayant voulu
donner aucun ſigne de repentir ſur
ſa profeſſion, feu M. *Languet* Curé
de S. Sulpice, qui l'avoit exhortée
avec le plus grand zèle, lui refuſa
conſtamment la ſépulture chrétienne (1). Elle fut enterrée ſur le bord
de la Seine, & c'eſt du lieu qui renferme ſes cendres, que M. de *Voltaire*
a dit: *voilà mon Saint Denis*. Tels ſont

(1) *Roſimond* Comédien étant mort ſubite-
ment en 1691, fut enterré ſans Clergé, ſans
luminaire & ſans aucune priere, dans un
endroit du Cimetiere de S. Sulpice, où l'on
enterre les enfans morts ſans Baptême.

Floridor fameux Comédien, étant attaqué
d'une maladie dangéreuſe, M. *Marlin*, Curé
de S. *Euſtache*, ne lui adminiſtra les derniers
Sacremens qu'après qu'il eut promis de ne plus
remonter ſur le Théatre s'il recouvroit la ſan-
té. *Floridor* revint de cette maladie, & il
renonça à ſa profeſſion.

les

les écarts de ceux qui sont plus amateurs de la volupté que de la sagesse, & qui étant dans l'erreur s'y fortifient de plus en plus en y faisant tomber les autres. Leur commerce est à fuir, parce qu'il ne peut conduire qu'à l'impiété. Leur conversation & leurs écrits sont comme une gangrene qui se communique insensiblement à ceux qui s'y exposent témérairement. *Voluptatum magis amatores quam Dei, mali homines & seductores proficient in pejus errantes & in errorem mittentes..... profana & vaniloquia eorum devita, multùm enim proficiunt ad impietatem; & sermo eorum ut cancer serpit.* S. Paul. Ep. I. ad Timot. c. 2. v. 16. & 17. c. 3. v. 13.

MANDEMENT de M. *Guy de Seve de Rochechouart,* Evêque d'Arras, du 4 Décembre 1695, contre la Comédie.

MANDEMENT du même Evêque, du 25 Septembre 1698, au sujet des Tragédies qui se représentent dans les Colléges.

RÉPONSE à la Préface de la Tragédie de *Judith. Paris,* 1695.

Boyer, Auteur de cette Tragédie, prétendoit faire illuſion par le ſujet de ce Drame, & rendre légitime la fréquentation des Théatres ; mais l'Auteur de la Réponſe qui lui fut adreſſée, démontre qu'en expoſant des ſujets ſaints ſur le Théatre, la piété s'y trouve profanée ; que d'ailleurs la plûpart des Pieces ſaintes ne le ſont que par le nom ; & que la liberté que les Poëtes prennent toujours d'ajouter à la vérité Hiſtorique les incidens propres à amuſer les Spectateurs, en fait des Drames doublement ſcandaleux, comme dans la Tragédie de *Judith*, on a inventé l'intrigue de *Mizael*. Les Auteurs de ces prétendues pieces ſaintes

Penſent faire agir Dieu, ſes Saints & ſes Prophetes,

Comme les Dieux éclos du cerveau des Poëtes.

Deſp. art Poët.

Puiſque M. *Boyer*, dit M. l'abbé d'*Olivet* (1), avoit du génie, de l'inclination au travail, & qu'il portoit l'habit Eccléſiaſtique, n'auroit-il pas

______

(1) Dans l'Hiſtoire de l'Académie Françoiſe, pag. 561.

pour & cont. les Théatres. 459

dû choisir une autre route plus convenable à ses talens & à son honneur
que celle du Théatre?

LETTRE de M. *Bordelon*. Paris,
1699.

L'Auteur prouve que si l'on exige
de ceux qui vont aux Spectacles une
aumône pour l'Hôpital Général, elle
ne justifie en rien l'*Opera* ni la *Comédie*.

On voit par tous ces Ouvrages,
que dans le dernier siecle les défenseurs des Théatres furent frappés de
toutes parts, *Gravibus confixi vulne-
ribus.* On les réduisit enfin au silence,
en leur disant : malheur à vous qui
appellez bon ce qui est mauvais, *væ
qui dicitis malum, bonum, & bonum,
malum* (1). Et les Chaires sacrées, dit
le P. *Porée*, continuerent de tonner
contre les Théatres. *Pergunt quidem
sacri Oratores eloquio tonare de suggestu,
& sua fulmina in Theatrales conventus
extento brachio jaculari.*

Cependant une guerre où les passions sont intéressées, ne se termine
pas, comme celle de *Troyes*, par la

()Isaie, chap. 5, v. 20.

chute d'*Hector*, ou par l'incendie du Palais de *Priam*. *In ſuâ ſententiâ perſeverant Theatri aſſeclæ & illud denſâ coronâ protegunt.* Il y a eu encore dans notre ſiecle de nouvelles attaques de la part des Partiſans du Théatre. On ſait que ce qui n'eſt pas permis a toujours des appas, & on ſe ſéduit pour s'en permettre l'uſage :

Nitimur in vetitum ſemper, cupimuſque negata.

M. de *Sautour* fit le nouvel acte d'hoſtilité, en donnant un Ecrit intitulé :

DISSERTATION ſur le Poëme Dramatique, 1729,

L'Auteur y montre un grand zèle pour les Comédiens ; mais il ſe condamne lui-même, lorſqu'il ſe plaint de ce que M. *Houdart de la Motte*, Poëte Dramatique, avoit refuſé d'approuver cette Diſſertation dont il avoit été nommé le Cenſeur : elle fut en effet imprimée clandeſtinement. On ne doit pas être ſurpris du refus de M. de la *Motte*, ce qu'on a ci-devant rapporté de lui pag. 70, prouve qu'il connoiſſoit trop les dangers des Spectacles pour donner ſon approbation à une apologie aussi mal fondée.

M. *Fagan* donna en 1751 un Ecrit en faveur des Théatres sous ce titre :

Observations au sujet de la condamnation des Théatres.

Elles se trouvent insérées dans la Collection de ses Ouvrages.

Lettre à M. *Jean Jacques Rousseau* au sujet de sa Lettre à M. *Dalembert*, par M^de. *Bastide*, 1758.

Lettre à M. *J. J. Rousseau*, sur l'effet moral du Théatre, par M. de *Ximenès*, 1758.

M. de *Marmontel* rassembla dans les volumes du Mercure de Novembre & Décembre 1758, & Janvier 1759, tous les sophismes de l'Art Dramatique pour éluder les coups redoutables que M. *J. J. Rousseau* venoit de porter contre les Auteurs, les Acteurs & les Spectateurs Scéniques.

M. *Huerne de la Mothe*, Avocat au Parlement, fit imprimer en 1761, sur les Censures Ecclésiastiques prononcées contre les Comédiens, une Consultation dont il eut lieu de se repentir. Son Ouvrage a pour titre :

LIBERTÉS DE LA FRANCE contre le pouvoir arbitraire de l'excommunication. *Paris, 1761.*

Les *Encyclopédistes* se sont aussi ralliés pour défendre la cause des Théâtres publics dans leur Dictionnaire aux mots *Genéve, Comédien, &c.* Et ils l'ont soutenue avec un zele digne de la Doctrine hétérodoxe qu'on leur a si souvent reprochée.

Enfin M. de *Campigneulles* s'est rangé sous leur drapeau; & pour preuve de son adhésion à leurs principes en faveur des Théatres, il donna en 1758 au Public un imprimé sous le titre de Réponse pour M. le Chevalier de ★★★ à la Lettre de M. *Desprez de Boissy* sur les Spectacles. Cette Réponse se trouve dans une brochure intitulée, *Essais sur divers sujets.*

Mais on a vu Théologiens, Magistrats, Jurisconsultes, Académiciens, Philosophes, Rhéteurs, Poëtes Dramatiques, & même un ancien & fameux Comédien, prendre avec zele les armes Littéraires; & ils ont combatu tous ces Apologistes des Jeux

Scéniques, par des Ouvrages qu'on va indiquer dans leur ordre chronologique. *Plus apud nos valeat vera ratio quàm vulgi opinio.* Que la saine raison ait plus d'autorité sur notre esprit que les faux préjugés de la multitude.

MANDEMENT de M. de *Chalucet*, Archevêque de Toulouse, du 5 Mars 1702, contre les Spectacles.

Il y est ordonné aux Confesseurs sous peine de suspense de différer l'absolution aux Fideles qui au mépris de son Mandement auront assisté aux Spectacles.

RÉFLEXIONS sur divers sujets de morale par *Jean la Placette.* Amsterdam, 1707.

On sçait que cet Auteur est célebre par ses Traités de Morale, & qu'à cet égard on le regarde comme le *Nicole* des Protestans. Il démontre dans les chapitres 12 & 13 de ses Réflexions sur l'usage du tems, combien les Spectacles sont pernicieux aux mœurs.

« L'un des plus justes, dit-il, & des » plus raisonnables soins que nous

» puiſſions prendre, eſt celui de nous
» rendre maîtres de nos paſſions quel-
» les qu'elles ſoient, de les mortifier,
» les réprimer, de les étouffer même
» ſi nous le pouvons, & de nous
» mettre dans tel état, que nous nous
» conduiſions, non par ces mouve-
» mens brutes & aveugles, mais par
» la vive lumiere de la raiſon, c'eſt à
» quoi les Philoſophes même du Pa-
» ganiſme exhortent le plus forte-
» ment leurs Lecteurs. Or il n'y a
» preſque point de paſſion qui ne pa-
» roiſſe ſur le Théatre, & qui n'y ſoit
» excitée. On y voit l'orgueil, l'am-
» bition, la colere, le deſir de ven-
» geance, la haine, la jalouſie, & ſur-
» tout l'amour. La Poéſie Dramati-
» que ne s'occupe qu'à les farder,
» & qu'à accoutumer l'eſprit à les
» regarder ſans horreur.... On y voit
» un certain eſprit de coquetterie
» très-éloigné non-ſeulement des re-
» gles ſéveres du Chriſtianiſme, mais
» encore de celles de la vertu philo-
» ſophique & payenne. ... Si le Théa-
» tre eſt purgé des anciennes groſſié-

» retés, il n'en eft que plus dangereux.
» On y reçoit tout fans diftinction, en-
» forte que les femences du mal qui y
» font répandues, pénetrent jufques
» dans le fond de l'ame, & trouvent le
» moyen d'y germer & d'y fruétifier.

MANDEMENT de M. *Efprit Fléchier*, Evêque de Nifmes, du 8 Septembre 1708, contre les Speétacles.

« Nous voyons avec douleur, dit
» cet éloquent Prélat à fes Diocéfains,
» l'affeétion & l'empreffement que
» vous avez pour les Speétacles, que
» nous avons fi fouvent déclarés con-
» traires à l'efprit du Chriflianifme,
» pernicieux aux bonnes mœurs, &
» féconds en mauvais exemples, où
» fous prétexte de repréfentations &
» de mufiques innocentes par elles-
» mêmes, on excite les paffions les
» plus dangéreufes ; & par des récits
» profanes & des manieres indécen-
» tes, on offenfe la vertu des uns, &
» l'on corrompt celle des autres....
» Ceffez d'aller repaître vos yeux des
» agrémens affeétés, & du pompeux
» ajuftement de quelques femmes li-

» cencieuſes, & de prêter l'oreille à
» la voix & aux récits paſſionnés de
» ces Sirenes dont parle *Iſaïe*, qui
» habitent les temples de la volupté...
» Evitez les piéges funeſtes que le
» Démon vous a tendus: ne fourniſ-
» ſez pas à vos convoitiſes de quoi
» ſe ſoulever contre vous. Ecoutez
» la voix du Paſteur qui vous exhorte
» & vous ſollicite, & qui aime mieux
» devoir votre obéiſſance à ſes cha-
» ritables conſeils, qu'aux cenſures
» que l'Egliſe lui a miſes en main. »

DE THEATRO ORATIO. Diſcours
ſur les Spectacles, prononcé le 13
Mars 1733 par le P. *Porée*.

Ce célebre Rhéteur y diſcute cette
queſtion: Si le Théatre peut être une
École capable de former les mœurs.
L'Orateur étoit par état client de
Melpomene & de *Thalie* qu'il avoit
cultivées avec ſuccès; & il étoit chargé de les faire connoître aux jeunes
gens qu'il avoit pour Diſciples: il
ne traita pas la cauſe avec la gravité
du Théologien, ni même du Philoſophe; mais il n'oublia pas qu'il étoit

Citoyen, puifqu'on doit toujours l'ê-
tre, *cujus munia ubique fervare decet,* ni
qu'il étoit Chrétien, parce qu'on ne
doit jamais en oublier les devoirs,
cujus officia nunquam licet deferere. Il
prit donc le parti de démontrer que le
Théatre par fa nature pourroit être
une école capable de former les
mœurs, mais qu'il ne l'eft point par notre faute. *Theatrum Schola informandis
moribus idonea naturâ fuâ effe poteft, fed
culpâ noftrâ non eft.* Cette caufe eft traitée avec tant d'art, par cet Orateur,
qu'en fauvant l'honneur de *Melpomene*
& de *Thalie,* il fait fentir que le
mauvais goût des Spectateurs, la foibleffe que les Auteurs ont de s'y prêter, & la corruption des Acteurs feront toujours du Théatre l'Ecole la
plus pernicieufe. Et il eft évident que
s'il avoit eu à parler en Théologien,
en Cenfeur ou en Philofophe, il auroit conclu, non pour la réforme,
mais pour la deftruction de nos Spectacles Dramatiques. On peut en juger
par cette derniere phrafe de fa harangue: s'il eft vrai, dit-il, qu'il faille to-

lérer des Théatres dans des Empires Chrétiens, rendez donc ces Spectacles dignes du Citoyen, de l'honnête homme & du Chrétien. *Si quod in Republicâ Christianâ habendum est Theatri Spectaculum, illud & bono cive & homine Christiano dignum habeamus.* Ainsi les défenseurs des Théatres ne peuvent citer en leur faveur ce Discours du P. *Porée.*

Le Danger des Spectacles. Ode de M. *Arcere*, qui remporta le prix de Poésie en l'année 1748, à l'Académie des Jeux Floraux de Toulouse.

Triumpho Sagrado de la conciencia, c'est-à-dire, le Triomphe sacré de la conscience, par *D. Ramire.* A Salamanque 1751, 1 vol *in-4°.*

Le P. *Berthier* étoit surpris de ce qu'on n'avoit pas traduit en François cet excellent Ouvrage Espagnol. C'est pour y suppléer que cet estimable Journaliste en donna dans le Journal de Trévoux du mois d'Avril 1753, un ample Extrait terminé par une Anecdote qui fait l'éloge le plus complet du Livre de D. *Ramire.* On a cru devoir donner ici une partie de cet Extrait.

Ce Traité de D. *Ramire* eſt une réponſe à trois queſtions qui font tout le plan de ſon Ouvrage. 1º. Dans le Spectacle dramatique, qu'y a-t-il en ſoi de licite? 2°. Peut-on l'autoriſer? Quelle confiance peut-on prendre dans les ſophiſmes des Apologiſtes des Théatres?

Pour prouver que les Jeux ſcéniques ne ſont pas auſſi innocens que le prétendent leurs défenſeurs, Dom *Ramire* remonte à leur origine : ce qu'il en dit eſt trop connu pour nous y arrêter. Paſſons aux accidens, qui en font le vice & le crime.

1º. Le concours des aſſiſtans. Ce ne ſont pas les ſages qui y font la foule, c'eſt tout ce qu'il y a de plus vain, de plus frivole, de plus oiſif, de plus libre dans les deux ſexes. Eſt-ce-là une aſſemblée où l'on puiſſe ſe confondre ſans ſcrupule & ſans péril? N'eſt-ce pas plutôt un Théatre où la vanité & la galanterie étalent le luxe des modes profanes, & déployent les reſſorts de la coquetterie mondaine? Point de *riche taille*, point de *jeunes attraits*, qui n'y viennent meſurer ou montrer leurs avantages avec une complaiſance de mauvais augure.

2°. Les Acteurs & les Actrices. Leur vertu n'eſt rien moins que rigide. Leur parure n'eſt guere plus honnête que leur intention. Leur air n'annonce que trop leur caractere & leur profeſſion.

3°. Le ſujet. C'eſt toujours quelqu'intrigue galante ou honteuſe. Tout y tend à la ſéduction, meſſages ſecrets, billets furtifs, préſens, &c. Rien n'eſt oublié pour tromper la vigilance des époux, des meres & des domeſtiques.

4°. La repréſentation. Sur la Scene on ne parle que de priſon, de chaînes, de captivité; on ne vit que de ſoupirs & de larmes; le ſoleil, les aſtres, les fleurs les plus brillantes fourniſſent à peine des métaphores aſſez nobles; on diviniſe ſon objet pour l'adorer, on encenſe ſes Autels, & on s'immole dans ſon Temple. Envie, jalouſie, ſoupçons, haine, vengeance, dépit, rage, fureur, déſeſ-

poir, &c. En un mot toutes les paffions s'emparent du Théatre. Pour
fe peindre, elles empruntent des couleurs allégoriques ; à l'ombre des allu-
fions ingénieufes , fous le voile des
équivoques fines, elles exhalent une
contagion peftilente , elles canoni-
fent jufqu'à leurs défordres. *Venena
non dantur , nifi melle circumlita , &
vitia non decipiunt nifi fub fpecie , um-
braque virtutum ,* dit S. Jerôme.

    D. *Ramire* peint & déplore ces fcan-
dales , & leurs ravages avec les couleurs & les larmes de tous les Saints
Peres : fon zele , comme le leur, fe
fonde fur l'Ecriture , qui nous ordonne de fermer les yeux dès qu'une
femme folâtre paroît , de peur de tomber dans fes filets, & qui nous avertit que les artifices d'une Actrice ou
d'une Danfeufe font encore plus puif-
fans pour nous perdre (1). Dom
Ramire , après avoir prouvé fa thèfe ,
fe propofe des objections , & les

____

    (1) Ne refpicias mulierem multivolam, ne
forte incidas in laqueum illius. Cùm Salta-
trice ne affiduus fis , vel audias illam , ne
pereas in efficaciâ ejus. *Ecli* c. *9* , v. *3.*

réſout. La premiere avec ſa ſolution eſt tirée de S. *Chriſoſtôme.*

Les partiſans des Spectacles diſoient à ce Pere: nous y aſſiſtons, ſans en recevoir aucune impreſſion : *ſpectamus quidem ſed nil movemur.* Ah ! reprenoit le S. Docteur, vous croyez-vous donc invulnérable , *Et tu putas non poſſe lædi?* Etes-vous donc un rocher, *Numquid lapideus es ?* Quoi! les grottes de la Thébaïde n'ont pas toujours été pour l'innocence, des azyles inviolables ; & vous au ſein de la jouiſſance théatrale, vous ſeriez inacceſſible à la tentation, ou impénétrable à cette vapeur empoiſonnée qui s'exhale de la Scene ?

Mais ce n'eſt pas à mauvaiſe intention qu'on va aux Spectacles : on n'y cherche qu'une honnête récréation. Pour montrer la fauſſeté de cette excuſe, D. *Ramire* ſe ſert des moyens & des raiſons les plus ſenſibles. Retranchons, dit-il , du Spectacle tout ce qui en fait le péril , aura-t-il alors les mêmes charmes pour récréer ? Si les Dames n'y trouvoient que des Acteurs & des Spectateurs de leur

sexe, auroient-elles le même empres-
sement à s'y rendre (1), &c. ? Pour
ne prendre qu'un honnête délasse-
ment à une scene dont le jeu réunit
tant d'objets si capables de faire des
impressions contraires à l'honnêteté,
quelle violence ne faut-il pas faire à
ses sens & à son imagination ! Quel
plaisir peut-on donc trouver à se con-
traindre si fortement !

On a beau dire qu'on en sort sans
blessure, on ne le persuadera jamais
à Saint *Jerôme,* qui proteste qu'il n'a-
joute point foi à quiconque se vante
de n'avoir point été blessé de ces
Spectacles : *Se nulli credere viro, si di-
cat se illæsum evasisse à Spectaculis ta-
lium.* Dès qu'il s'agit, dit S. *Cyprien,*
de perdre quelque chose des intérêts
& des plaisirs du Siecle, quelqu'igno-
rant qu'on soit, on est toujours assez
habile à trouver des raisons & des
argumens pour s'en défendre : *quàm*

(1) *Si fueran tales las Compañias, que solo
hubiera Farsas de Mugeres, para solas Mugeres sin
que se permittera en ellas la mezcla de estos dos
sexos, &c.*

✝

sapiens argumentatrix ignorantia huma-
na , cùm aliquid ejusmodi de gaudiis
& fructibus sæculi meruit amittere. Ter-
tulien va plus loin : quelque gracieux, dit-il, quelque simples, quelqu'honnêtes que paroissent ces accords, ces jeux de Théatre, les impressions agréables qui en dérivent ne
sont que les goutes d'un miel qui cou-
le d'une liqueur empoisonnée (1).

Nous ne croyons pas que la plûpart
des Chrétiens assidus aux Spectacles,
puissent lire sans se sentir troublés &
allarmés, tout ce qu'un zèle éclairé
& véhément dicte à notre Auteur Espagnol contre leur fausse sécurité.
L'Ecriture & les Peres lui fournissent
toujours ses couleurs les plus vives, &
ses traits les plus pathétiques ; il em-
prunte jusqu'au langage des Payens,
pour faire sentir le danger aux Chrétiens qui s'y exposent. Le Théatre,
leur dit-il, est un champ perfide ; pour

______

(1) Sint dulcia licet & grata & simplicia ,
& etiam honesta, seu sonora, seu canora, seu
subtilia, perindè habe ut stillicidia mellis de
libaculo venenato.

être douces , les bleſſures qu'on y reçoit, n'en ſont pas moins meurtrieres,
pernicies delicata , *&c.* La vûe en eût-
elle été innocente; le ſouvenir ne le
ſera pas. Quel déſordre ne porte pas
dans une ville l'arrivée & le ſéjour
d'une troupe de Comédiens ! On en
trouve ici de vives peintures tracées
d'après les plus graves Auteurs. On
ne revient point du Spectacle comme
on y étoit allé ; l'innocence n'en ſort
point ſans tache, ni le vice ſans crime : *quos attuliſti mores , nunquam refe-
res , &c.* Cel. Rod. l. 8. c. 7.

Après avoir fait éclater ſon zele
en Orateur Chrétien , notre Auteur
reprend le ton d'un profond moraliſ-
te , & examine encore de plus près
la nature des Spectacles : il recueille
ſur cette matiere les définitions des
Docteurs les moins accuſés de rigo-
riſme , & il en conclut que, ſi l'on ou-
vroit une ecole , dont l'affiche annon-
çât les leçons qu'on donne & qu'on
prend au Théatre , tous les Magiſtrats, & tous les Citoyens jaloux des
mœurs publiques , s'uniroient pour la

fermer, & pour en proſcrire les maîtres pernicieux. L'Evangile & le
Théatre oppoſés, leurs maximes contraires forment ici un contraſte frap-
pant, dont l'Auteur profite pour rap-
peller aux Chrétiens la ſainteté de
leur profeſſion, & ſurtout l'obligation
où ſont les peres & meres d'inſtruire
leurs enfans dans la foi, de les former à la piété, de veiller ſur leur innocence, & d'en écarter tout ce qui
peut la ſéduire & la corrompre, ſoit
en affoibliſſant les attraits vertueux
par le ridicule qu'on y attache; ſoit
en fortifiant les penchans vicieux par
l'honneur qu'on en tire. Conduire ſes
fils & ſes filles aux Spectacles, c'eſt
les conduire aux autels des Démons;
& les y immoler: *immolaverunt filios
ſuos & filias ſuas dæmoniis.*

Les défenſeurs des Spectacles op-
poſent à leurs adverſaires l'autorité
de S. *Thomas*, & de quelques autres
Docteurs tres-reſpectables : c'eſt-là le
plus fort de leurs retranchemens. D.
Ramire le renverſe ſans peine, & il y
trouve des armes, dont il ſe ſert con-

tre fes ennemis, avec le plus grand avantage. En effet, ces Docteurs n'ont jamais permis que des amufemens où la pudeur & la décence Chrétienne ne peuvent rien appercevoir qui les allarme : ils ont anathématifé tout Théatre, toute affemblée qui pourroit donner la plus légere atteinte aux bonnes mœurs. Leurs textes, qu'on nous rapporte, font fi formels, qu'on ne conçoit pas comment on ofe les citer en faveur des Spectacles. Ils n'approuvent donc l'*Art dramatique dans fon effence*, que pour le réprouver *dans fes productions.*

Ici l'Auteur reprend de nouvelles forces, il fe met à la tête d'une légion innombrable de Docteurs ; il s'arme de canons & de loix ; de Decrets pontificaux, & d'Edits Impériaux ; il s'en fert pour foudroyer les Partifans des Spectacles. A la vûe de tant de décifions, de cenfures & d'anathêmes contre les Théatres, on ne peut s'empêcher de gémir fur l'endurciffement, ou l'aveuglement des Chrétiens qui les fréquentent.

Pour rendre ces autorités auſſi efficaces que convaincantes, D. *Ramire*
y joint encore de ces grands traits
d'éloquence qui ont ſignalé le zele
des *Baſiles* & des *Chryſoſtômes*. C'eſt,
nous diſent-ils, c'eſt du Théatre que
la volupté aſſiége tous les ſens du corps
& toutes les facultés de l'ame. De-ſà,
elle ſouffle la licence parmi la jeuneſſe, elle réveille l'impudicité dans la
vieilleſſe, elle jette le trouble dans les
maiſons, elle ſeme l'opprobre dans les
familles. De-là tant de ſéduction, d'a-
dulteres, de divorces, de brigandages,
de larcins, de dépenſes ruineuſes, &c.

Mais après tout, dit-on, ſi le déſordre & le ſcandale étoient auſſi énor-
mes que D. *Ramire* le prétend, comment les tolere-t-on? Comment ont-
ils paſſé en coutume? Comment des
Eccléſiaſtiques oſent-ils y paroître? A
cela il répond, 1°. Que ces Eccléſiaſtiques en ſont plus coupables, & que
les Spectacles n'en ſont pas plus innocens. Il ne craint point d'avancer que
ces Abbés qui ſuivent les Spectacles,
n'ont pas les vertus que leur état

exige. 2°. Quant à la tolérance, il avertit qu'elle ne rend pas licite la choſe tolérée, qu'elle n'ôte pas aux raiſons tirées de la regle des mœurs & de l'Evangile, la force qu'on ne peut y méconnoître, quand on eſt de bonne foi. 3°. Pour la coutume, il dit que dans le monde elle prévaut ſouvent ſur les préceptes de J. C. & que c'eſt ce qui en fait une excuſe ſi foible & ſi peu recevable. Toute cette Doctrine eſt ici ſolidement & formellement appuíée ſur l'autorité des Peres, des Docteurs & des Conciles.

Mais n'eſt-ce pas aux vices que le Théatre fait la guerre? On répond que les Comédiens n'en ſont pas aſſez exempts pour les corriger. Ce n'eſt pas de pareils organes qui doivent nous prêcher la juſtice. Jamais ils n'ont converti perſonne; combien en ont-ils pervertis? Dans les ſujets les plus édifians; dans leurs ſcenes les plus religieuſes, le Pécheur s'attendrit ſans ſe repentir; on ſent le plaiſir de la compaſſion, ſans ſentir l'amertume de la componction; ce n'eſt pas une pluie qui tombe du Ciel, c'eſt une roſée qui s'éleve de la terre; elle ne nourrit que des feuilles maudites; à l'ombre de l'arbre qu'elle rafraîchit, le vice s'engraiſſe & la vertu ſe deſſeche.

Sans nous arrêter avec D. *Ramire,* à détruire les autres prétextes qu'employent les partiſans des Spectacles; paſſons à la ſeconde queſtion: *Peut-on autoriſer les Théatres ?* On peut aiſément deviner la réponſe qu'y fait notre Auteur : des principes qu'il vient de nous expoſer, il conclut qu'on ne peut ni perméttre ni favoriſer aucun Spectacle indécent ; qu'aucune raiſon de bien, même plus grand, ne peut l'autoriſer ; & qu'on eſt obligé de s'y oppoſer de tout ſon pouvoir : en un mot, D. *Ramire* met les Spectacles au rang des poiſons dont on doit empêcher le débit. Pour perſuader le Lecteur, ſon zèle joint toujours à ſes exhortations la même abondance de Doctrine.

L'Auteur entre dans la troiſieme queſtion par une expoſition de la doctrine qu'on lui oppoſe ; ſçavoir, 10. que

que dans le Chriſtianiſme ces jeux
Scéniques ſont un plaiſir indifférent,
où les ſimples ne riſquent rien, les
ſages gagnent, & les fous ſont les ſeuls
à perdre. 2°. Qu'ils ſont néceſſaires
comme un remede contre l'oiſiveté de
la jeuneſſe & ſes dangers. Des principes
ſi relâchés forment une trop foible
défenſe pour réſiſter à la force des raiſons & des grandes maximes que leur
oppoſe D. *Ramire*; il y ajoute une
réflexion dont la vérité & la ſimplicité doit frapper ſes adverſaires : c'eſt
qu'en plaidant pour les Spectacles, ils
en montrent le danger, leur langage
favoriſe trop les paſſions pour ne pas
trahir leur cauſe : le Spectacle eſt pour
la jeuneſſe ce qu'eſt un peu d'eau pour
un braſier ardent, elle ne ſuſpend d'a-
bord l'activité du feu que pour la rendre bientôt plus vive.

Mais enfin, dit-on, les Peres n'ont
éclaté avec tant de force contre
les Spectacles, qu'à cauſe de l'idolâtrie & de l'obſcénité qui régnoient
alors ſur le Théatre : or entre ces
Spectacles & les nôtres, il y a autant

P p

d'opposition qu'entre le jour & la nuit. Si nos Drames, replique Dom *Ramire*, étoient aussi dévots que les Méditations de S. *Bernard*, ou aussi apostoliques que les Sermons de saint *Vincent Ferrier*, on n'en parleroit pas plus avantageusement. Ensuite il prouve que la plûpart des anciens anathêmes lancés contre les Spectacles, portent sur des raisons communes & *transcendantes*, qui font que tout Drame est une occasion de chûte, & une école de libertinage, & il soutient avec *Lactance* que l'élégance & la politesse qui regnent aujourd'hui sur les Théatres, ne font que rendre plus aigus & plus pénétrans les traits qu'on y enfonce dans l'ame des Spectateurs.

Enfin, dit le P. *Berthier* en terminant cet Extrait, on nous assure que cet Ouvrage de D. *Ramire* a suffi pour engager les Magistrats de Burgos à abattre le beau Théatre de leur Ville, qui avoit coûté vingt mille ducats.

Essai sur la Comédie moderne. *Paris*, 1752.

On y réfute les nouvelles Observations de M. *Fagan,* au sujet des condamnations prononcées contre les Comédiens.

FRANCISCI DANIELIS CONCINA, Ordinis Predicatorum collectio Dissertationum de Spectaculis, 1752.

Ce fut le Pape Benoît XIV qui engagea ce Religieux à composer cet Ouvrage.

VERI SENTIMENTI di San Carlo Borromeo intorno al Teatro tratti dalle sue Lettere *in Roma,* 1753.

S. CAROLI BORROMÆI Archiepiscopi Mediolanensis Opusculum de Choreis & Spectaculis in festis diebus non exhibendis. Accedit Collectio Selectarum Sententiarum ejusdem adversus Choreas & Spectacula ex ejus Statutis, Edictis, Institutionibus, Homiliis. *Romæ,* 1753.

CONSULTAZIONE Theologico-Morale se chi interviene per necessita ai Teatri publici vi possa intervenire legitamente *in Roma,* 1754.

LO SPECCHIO DEL DISINGANNO autore Zucchino Stefani.

Ce traité de morale, dit M. l'abbé

Richard (1), dévoile avec une hardieſſe étonnante tous les dangers des Spectacles pour les mœurs. On y condamne les plaiſirs qui ſont en uſage à Rome dans le temps du Carnaval, de même que les *Feſtini* & les Villégiatures, & les autres paſſe-temps ſcandaleux de la Nobleſſe & du Peuple de Rome.

VERI SENTIMENTI di S. Franceſco di Sales Veſcovo di Genevra intorno al Teatro *in Roma*, 1755.

VERI SENTIMENTI di S. Philippo Neri intorno al Teatro *in Roma*, 1755.

Ces ſept derniers Ouvrages imprimés à Rome, prouvent 1°. Que c'eſt ſans aucun fondement, comme on l'a ci-devant dit pages 227 & 237, qu'on s'autoriſe de S. *Charles Borromée* & de S. *François de Sales*, pour juſtifier les Théatres publics. 2°. Que ſi des perſonnages illuſtres par leur piété & par leur Doctrine, & même canoniſés par l'Egliſe, ont paru être moins ſéveres ſur quelques abus, ils

(1) Deſcription de l'Italie, tom. 5.

ont à cet égard plus befoin d'excufe que d'apologie ; ce font des fautes qui auront été couvertes par l'abon-dance de leur charité, *nævus quem tegebant ubera caritatis.* On fait, dit *Benoît* XIV, que la canonifation en établif-fant le culte des Saints, n'ôte pas la liberté de condamner avec la pru-dence convenable, ce qui leur feroit échappé de repréhenfible. *Servi Dei Doctrina debitâ cum reverentiâ poteft citrà ullam temeritatis notam impugnari, fi modefta impugnatio bonis rationibus innixa fit, etiam poftquam Dei fervus qui fcripfit inter Beatos aut Sanctos fuerit relatus .... ab humano quidem exemptus eft judicio, ne de gloriâ ejus dubitemus, fed non ut minus de ejus dictis difputemus* (1).

3°. Enfin, ces Ecrits manifeftent qu'on connoît à *Rome* les dangers des Spectacles, & que ces fortes de diver-tiffemens y font condamnés *in foro confcientiæ,* quoique, par confidéra-tion pour la tranquillité publique &

(1) *De Servorum Dei Beatificatione auctore fummo Pontifice Benedicto XIV.*

propter duritiam cordis, on les tolere dans un temps de l'année, *minoribus id quod majus est ementes quietem & securitatem*, comme on l'a ci-devant dit page 166.

La Description de l'Italie, que M. l'abbé *Richard* a donnée au Public en 1766, & celle qui a paru en 1769 (1), font connoître « que le Peu-» ple de Rome a un goût outré pour » tout ce qui est divertissement & » spectacles. » C'est une maladie qui, dans cette ville, a ses accès périodiques ; & dans certains temps de l'année, comme dans le Carnaval, c'est une phrénésie épidémique.

On a vu les Souverains Pontifes prendre souvent des moyens pour diminuer les scandales des divertissemens publics ; & leur conduite à cet égard a varié suivant leur maniere

______

(1) Ces deux bonnes Descriptions, dont une en 6 volumes, par M. l'abbé *Richard*, & l'autre en 8 vol. par M. *de la Lande*, se trouvent à Paris chez Dessaint, rue du Foin. Elles doivent faire oublier la Description infidelle de *Misson*.

de spéculer en politique. Les uns avec les mêmes intentions ont alternativement rétabli ce que d'autres avoient hazardé de supprimer. En voici un exemple récent.

« Clément XIII avoit fait fermer le » Théatre *Aliberti*, & il avoit suppri- » mé les *Festini*, ou assemblées de dan- » ses, qui étoient de coutume parmi » la Noblesse, les veillées de la place » Navonne, & même le Carnaval en » 1767 (1). » Clément XIV a cru devoir en tolérer le rétablissement pour contenter un peuple à qui il ne faut que du pain & des spectacles, *panem & circenses*. Ce ne seroit pas rendre justice aux lumieres & aux éminentes qualités de ce souverain Pontife, si l'on n'attribuoit pas à des vûes qu'il croit être de prudence les irrégularités morales que son gouvernement civil pourroit présenter sur quelques objets. L'avantage qu'on prétend pouvoir tirer de ces irrégularités, est souvent cause qu'on s'empresse à les faire

(1) Voyez le tome 5 de la Description de l'Italie, par M. *de la Lande.*

annoncer dans les Gazettes, quelquefois infidelement, & preſque toujours ſans en expoſer les motifs & les circonſtances qui en diminueroient les mauvaiſes impreſſions ; mais les gens inſtruits & bien intentionnés ſavent y ſuppléer.

Ils conſiderent qu'un pays qui change ſi ſouvent de maître, eſt moins ſuſceptible d'un gouvernement uniforme & nerveux. En effet, comme l'obſerve M. *de la Lande* (1), « on » voit à Rome chaque nouveau regne » y amener de nouveaux principes, » & un nouveau plan de conduite. » Chaque Pape tâche toujours d'évi- » ter les excès qui ont déplu dans ſon » Prédéceſſeur. Mais il ne peut guère » éviter de tomber dans quelques » autres. »

Au reſte CLÉMENT XIV a manifeſté à toute l'Egliſe qu'il connoît toute l'étendue de la charge du *ſuprême Apoſtolat qui lui a été impoſé*. Sa Lettre circulaire du 12 Décembre 1769 (2),

(1) Dans le tom. 5 du voyage d'un Franç--çois en Italie. Paris, 1769.

(2) Elle a été trad. en François & imprimée.

à tous les Evêques à l'occaſion de ſon élévation ſur le Saint Siége, donne les plus grandes eſpérances ſur ſon gouvernement. Les avis que Sa Sainteté y donne aux Prélats, ſuppoſent ſon zèle à s'occuper *du ſoin d'éloigner du peuple chrétien toute contagion du mal, toute ſéduction d'erreur.* C'eſt à l'Ecriture Sainte & à la tradition que le S. Pere veut que l'on puiſe tout ce qu'on doit croire, & tout ce qu'on doit pratiquer, « parce que, dit Sa Sainteté, c'eſt dans ce double dé-» pôt également ſûr & fidele qu'eſt » renfermé tout ce qui concerne le » culte de la Religion, la diſcipline » des mœurs, la maniere de bien vivre, » & qu'on y apprend nos ſublimes » myſteres, les devoirs de la piété, de » la juſtice & de l'humanité. »

Or en nous envoyant à cette Ecole, c'eſt nous défendre implicitement de nous autoriſer de quelques tolérances qu'arrache la corruption d'une mul-titude aveugle & effrénée; « puiſque, » comme l'a dit un Ancien, rien ne » peut preſcrire contre la vérité de

P p v

» la Doctrine Evangélique, ni la lon-
» gueur du temps & la succession des
» années, ni la qualité des personnes
» qui autoriseroient certains abus, ni
» les priviléges d'aucun pays (1). »

On ne peut refuser d'attribuer cette intention à CLÉMENT XIV, qui a déja si souvent déclaré vouloir employer tout ce qu'il a d'activité, de lumiere, de force & d'autorité pour opposer une digue au torrent de l'impiété & de l'erreur.

Ce Souverain Pontife a donné une nouvelle preuve de son zèle actif & lumineux en adressant au ROI DE FRANCE un Bref [daté du 21 Mars 1770] pour engager SA MAJESTÉ TRÉS-CHRÉTIENNE à seconder les Prélats de son Royaume qui, étant assemblés à Paris [en 1770] pour les

(1) Veritati nemo prescribere potest, non spatium temporum, non patrocinia personarum, non privilegia Regionum. *Tertul.*

Ecclesia Dei inter multam paleam multaque zizania constituta, multa tolerat, & tamen quæ sunt contra fidem, vel bonam vitam non approbat, nec tacet, nec facit. *S. Aug. tom.* 2. *Ep.* 55. *ad Januar.*

affaires générales du Clergé de France, délibérerent entr'eux « pour [est-il dit dans ce Bref, traduit en François & imprimé] » trouver un moyen ca-
» pable d'arrêter & de repousser avec
» le secours de Dieu, la contagion de
» ces hommes impies qui ne rougissent
» pas de produire chaque jour une
» foule d'écrits, monumens, non de
» leur savoir, mais de leur folie, pour
» détruire, s'ils le pouvoient, jus-
» qu'aux premiers principes des bon-
» nes mœurs, aux fondemens de la
» Religion, aux droits de l'humanité
» & de toute société, & pour séduire
» les ames simples en leur insinuant,
» comme par une espece de charme,
» leurs dogmes pervers & corrompus.»
Il semble en effet que nous soyons re-
venus aux premiers temps du Christianisme, où toutes les sectes de philosophie, sans compter le polythéis-
me, étoient liguées contre lui. Mais
alors notre Religion se défendoit
mieux par les mœurs de tous ceux
qui la professoient, que par tous les
raisonnemens humains. » Nous pense-

» rons toujours, dit M. de *Querlon* (1),
» que la ſauve-garde la plus ſûre de
» notre Religion eſt dans ſa pratique
» même , & dans les mœurs qu'elle
» a formées.

Maximes pour ſe conduire chrétiennement dans le monde, par M. l'abbé *Clément*, Prédicateur du Roi. *Paris*, 1753.

On y trouve article 17 de ſolides réflexions contre les Spectacles.

On vient d'imprimer les Sermons de cet Orateur, dont on connoît la réputation. Le tome 2 contient un excellent Diſcours contre les Spectacles. Ces Sermons ſe vendent à Paris chez *Deſſaint*, rue du Foin.

Il a paru chez le même Libraire un recueil de Sermons du célebre P. *Soanen* (2), dont l'éloquence fut admirée & récompenſée par *Louis XIV*. Ce recueil contient contre les Théatres un Sermon qui fut prêché

(1) Trente-deuxieme feuille hebdom. des Prov. de l'année 1770.
(2) Né le 6 Janvier 1647, & mort à l'abbaye de la Chaiſe-Dieu le 25 Décembre 1740.

à la Cour en 1686 & en 1688. M. le Maréchal *de la Feuillade* le trouva trop sévere, & il prit la liberté d'en dire son sentiment au Roi. Mais ce grand Monarque lui fit cette réponse judicieuse & imposante : M. *de la Feuillade* le Prédicateur *a fait son devoir, tâchons de faire le nôtre* (1).

Ce Courtisan ne devoit pas à cet égard trouver moins sévere le premier modele des Prédicateurs en Europe, c'est-à-dire, le P. *Bourdaloue* (2) qu'on a caractérisé en l'appellant *Nicole éloquent :*

Bourdaloue invincible en ses raisonnemens
Des passions en nous confond les argumens (3).

Voilà pourquoi ses Sermons imprimés plairont toujours. Aussi *Louis XIV* vouloit-il entendre tous les deux ans ce Prédicateur, *aimant mieux ses redites que les choses nouvelles d'un autre.* On a de cet illustre Orateur un

(1) Mém. du temps.

(2) Né le 20 Août 1632, & mort le 13 Mai 1704.

(3) Linant dans son poëme *des progrès de l'Eloquence,* couronné en 1739 par l'Académie Françoise.

excellent Sermon (1) contre les divertiſſemens publics qui paſſent pour légitimes, & que l'opinion commune autoriſe, mais que le Chriſtianiſme condamne, & qui ne peuvent s'accorder avec l'intégrité & la pureté des mœurs.

La Comédie contraire aux principes de la Morale chrétienne. *Auxerre*, 1754.

On y a joint un Mandement que le Chapitre d'Auxerre donna le 15 Novembre 1754 contre la Comédie.

Lettre de M. *le Franc*, de l'Académie Françoiſe, ancien Premier Préſident de la Cour des Aydes de Montauban à M. Louis *Racine* ſur le Théatre. *Paris 1755.*

Ce reſpectable Académicien conſidere les Spectacles Dramatiques, ſous le même point de vue que le P. *Porée* l'a fait dans ſon Diſcours. Il y parle en homme de Lettres, Philoſophe & Chrétien.

Ire. Lettre de M. *Deſprez de*

______
(1) Dans le tom. 2 de ſes Sermons ſur les Dimanches de l'année.

Boiſſy, Avocat au Parlement, à M. le Chevalier de **, ſur les Spectacles, *Paris*, 1756.

On en donna en 1758 une ſeconde édition, & une troiſieme en 1769.

JEAN-JACQUES ROUSSEAU, Citoyen de Genéve à M. *d'Alembert*, ſur le projet d'établir un Théatre de Comédie à Genêve. *Amſterdam*, 1758.

Cette Lettre combat ſupérieurement les Théatres publics. Mais on y trouve ſur d'autres objets une empreinte contagieuſe des égaremens de l'Auteur.

IIme. LETTRE de M. *Deſprez de Boiſſy*, ſous le titre de LETTRE de M. le Chevalier de **, à M. de *Campigneules* au ſujet de la Lettre de M. Deſp. de B*, ſur les Spectacles. *Paris*, 1759. Elle fut réimprimée en 1769.

LETTRE de M. *Greſſet*, l'un des Quarante de l'Académie Françoiſe, à M. **, ſur la Comédie. *Paris*, 1759.

Cette Lettre eſt un témoignage du repentir de M. *Greſſet* d'avoir travaillé pour le Théatre.

On croit devoir rapporter ici quel-

ques-uns des motifs qui l'ont porté à
faire cette efpece d'abjuration. « Je
» vous avouerai , dit-il, que depuis
» quelques années, j'avois beaucoup
» à fouffrir intérieurement d'avoir tra-
» vaillé pour le Théatre, étant con-
» vaincu, comme je l'ai toujours été
» des vérités lumineufes de notre Re-
» ligion , la feule divine , la feule
» inconteftable : il s'élevoit fouvent
» des nuages dans mon ame fur un
» art fi peu conforme à l'efprit du
» Chriftianifme. Et je me faifois,
» fans le vouloir, des reproches in-
» fructueux que j'évitois de démê-
» ler & d'approfondir. Toujours
» combattu & toujours foible, je dif-
» férois de me juger, par la crainte
» de me rendre & par le défir de me
» faire grace. Quelle force pou-
» voient avoir des réflexions invo-
» lontaires contre l'empire de l'ima-
» gination & l'enivrement de la
» fauffe gloire ? Encouragé par l'in-
» dulgence dont le Public a honoré
» *Sidney* & *le Méchant*, ébloui par les
» follicitations les plus puiffantes, fé-

» duit par mes amis, dupe d'autrui &
» de moi-même, rappellé en même-
» temps par cette voix intérieure, tou-
» jours févere & toujours jufte, je fouf-
» frois & je n'en travaillois pas moins
» dans le même genre ; il n'eft guère de
» fituation plus pénible , quand on
» penfe , que de voir la conduite en
» contradiction avec fes principes ,
» & de fe trouver faux à foi-même ,
» & mal avec foi. Je cherchois à
» étouffer cette voix des remords à
» laquelle on n'impofe point filence ,
» ou je croyois y répondre par de
» mauvaifes autorités que je me don-
» nois pour bonnes ; .... j'aurois dû
» reconnoître dès-lors, comme je le
» reconnois & le vois aujourd'hui ,
» fans nuage & fans enthoufiafme ,
» qu'on ne parviendra jamais à juf-
» tifier la compofition des Ouvra-
» ges Dramatiques & la fréquenta-
» tion des Spectacles. .... Tout
» fidele , quel qu'il foit , quand fes
» égaremens ont eu quelque noto-
» riété , doit en publier le défaveu ,
» & laiffer un monument de fon re-

» pentir.... Et quand on a quelques
» écrits à se reprocher, il faut s'exécu-
» ter sans réserve dès que ce remords
» les condamne ; il seroit trop incer-
» tain de compter que ses écrits soient
» brûlés au flambeau qui doit éclai-
» rer notre agonie.... Je retracte donc
» solemnellement tout ce que j'ai pu
» écrire d'un ton peu réfléchi dans
» mes bagatelles rimées.... L'unique
» regret qui me reste, c'est de ne
» pouvoir point assez effacer le scan-
» dale que j'ai pu donner à la Religion
» par ce genre d'Ouvrage , & de
» n'être point à portée de réparer le
» mal que j'ai pu causer sans le vou-
» loir.... Les gens du bon air, les de-
» mi-raisonneurs, les pitoyables incré-
» dules peuvent à leur aise se moc-
» quer de ma démarche, je serai trop
» dédommagé de leur petite censure,
» & de leurs froides plaisanteries, si
» les gens sensés & vertueux, si les
» ames honnêtes & pieuses voient
» mon humble désaveu, avec cette
» satisfaction pure que fait naître la
» vérité dès qu'elle se montre ».

Les partifans du Théatre ont beaucoup murmuré contre cette Lettre lu-
mineufe & édifiante de M. *Greffet.* II
en eft très-mal parlé dans le deuxieme
tome de l'*Hiftoire infidele & dangéreufe* des querelles littéraires (1). Elle
y eft donnée comme une *déclamation
qui a moins paru le langage du remords
que celui de l'amour-propre.* La Lettre
de M. *J. J. Rouffeau* contre les Spectacles, n'y eft pas mieux traitée. *Le
Panégyrifte de l'ignorance & des brutes,
y eft-il dit, devoit être le Cenfeur du
théatre ,l'école de la politeffe & du goût.*

M. l'Abbé *Irail,* à qui cette Hiftoire
des Querelles Littéraires eft attribuée,
(2) ne donne pas une meilleure idée de
fon jugement & de fes lumieres, lorfque dans le même endroit il loue (3)
le P. *Caffaro d'avoir eu le courage de s'é-*

(1) L'Hiftoire des Querelles Littéraires parut en 1761. M. l'abbé *Baral* en donna dans le
temps une critique fous ce titre : Lettre à M.
fur l'ouvrage intitulé, *Querelles Littéraires.*

(2) Dans la France Littéraire, & depuis
dans le Dictionnaire Littéraire de la France,
édition de 1769, t. 1, p. 303, & t. 2, p. 484.

(3) Querelles Littéraires, tom. 2.

*lever au-deſſus des préjugés de ſon état,
en écrivant en faveur de la Comédie avec
ce ton de force & de véhémence qu'il n'appartient qu'aux gens perſuadés d'avoir.*

Il paroît que M. Iſail n'a pas ſur
les devoirs de l'Etat Eccléſiaſtique
les mêmes idées que *Charlemagne* en
avoît. « Nous ſouhaitons, écrivoit
» cet Empereur aux Evêques de ſes
» Etats, nous ſouhaitons que vous
» ſoyez comme doivent l'être des Sol-
» dats de l'Egliſe, c'eſt-à dire, des
» hommes pieux & ſavans, que vous
» viviez bien, que vous parliez bien, &
» que vous ſoyez inſtruits dans les Let-
» tres ſaintes. Car, quoique ce ſoit une
» meilleure choſe de faire le bien que
» de le connoître, il faut cependant le
» connoître avant que de le faire (1).»

(1) *Optamus vos, ſicut decet Eccleſiæ mili-
tes, & interiùs devotos & exteriùs doctos, caſ-
toſque bene vivendo & ſcholaſticos benè lo-
quendo. Quamvis enim melius ſit benefacere
quàm noſſe, priùs tamen eſt noſſe quàm facere. Ceci eſt extrait d'une Lettre que Charlemagne écrivit à un Abbé du Monaſtere de Fuld,
& elle devoit être communiquée à tous les Evêques & Abbés de la Province, comme l'ordonne*

Si **M.** *Irail* avoit connu l'Ecriture-Sainte, il n'auroit pas avancé qu'elle *est favorable au P.* Caffaro, *qu'elle n'a rien tant en recommandation que les jeux, la danse & les Spectacles, & qu'elle fait un mérite à quelques-uns de ses plus saints personnages d'avoir dansé au son du tambour* (1).

M. l'Abbé *Irail* n'auroit pas sans doute répété ce sophisme suranné, s'il avoit sçu que du temps de S. *Cyprien* on avoit osé s'autoriser de l'exemple de la danse de *David* pour justifier les Théatres, mais que S. *Cyprien* répondit à ces faux raisonneurs : « Ne vaudroit-
» il pas mieux que ces gens-là n'eussent
» jamais appris à lire que de faire un
» tel usage de leur lecture. Qu'ils sça-
» chent que l'exemple de David qui
» a dansé devant l'Arche, ne favorise
» en rien les Chrétiens qui assistent

cette derniere phrase : Hujus Epistolæ exemplaria ad omnes suffragantes tuosque Coëpiscopos & per universa monasteria dirigi non negligas si gratiam nostram habere vis. *Cette Lettre est rapportée dans le* 5e *tome du Recueil des Hist. de France, donné par les Bénédictins, pag.* 621.

(1) Querelles Littéraires, tom. 2, pag. 396.

»aux Théatres, parce qu'il n'y a rien
» dans l'exemple de *David* qui ſoit
» honteux, ni qui reſſente la licence
» des ſcènes & des fables Dramati-
» ques (1). »

C'eſt à la rétractation du P. *Caffaro*
que M. *Irail* auroit dû donner des
louanges. C'eſt alors que ce Religieux

(1) Pudor me tenet præſcriptiones eorum
in hac causâ & patrocinia referre, ubi in-
quiunt ſcripta ſunt iſta, ubi ſunt prohibita ?
Ante arcam *David* ipſe ſaltavit. Nabla, cy-
nares, æra, tympana, tibias, cytharas, choros legimus. Cur ergo homini Chriſtiano fi-
deli non liceat ſpectare quod licuit divinis lit-
teris ſcribere ? Hoc in loco non immeritò
dixerim longè meliùs fuíſſe iſtis nullas litteras noſſe quàm ſic litteras legere. Verba enim
& exempla quæ ad exhortationem Evangelicæ
virtutis poſita ſunt ad vitiorum patrocinia
transferuntur. ... Quod *David* in conſpectu
Dei choros egit, nihil adjuvat in Theatro
ſedentes Chriſtianos fideles. Nulla enim obſ-
cænis motibus membra diſtorquens deſaltavit
Græcæ libidinis fabulam. Nabulæ, cynaræ,
tibiæ, tympana, cytharæ Domino ſervierunt
non voluptatibus. S. *Cypr. de Spect.*

Non præcipit ſcriptura niſi charitatem, non
culpat niſi cupiditatem, & eo modo mores
hominum informat. ... Omnis morbus animæ
habet in ſcripturis medicamentum ſuum.. ...

montra du courage. On pouvoit lui appliquer ce que S. *Ambroise* difoit d'un grand Roi, il a eu des foibleffes qui ne font que trop ordinaires aux Rois, mais il s'en eft repenti, ce qui leur arrive rarement, *erravit quod folent Reges, pœnituit quod non folent.*

Au refte, il a échappé à M. *Irail* un aveu très-défavorable aux Théatres, lorfqu'il dit (1) que la *Religion & la Légiflation ont toujours reprouvé la profef-*

Il faut lire les Ecritures - Saintes comme le faijoit S. Auguftin, en demandant à Dieu qu'elles ne lui ferviffent jamais pour fe tromper ni pour tromper les autres, nec fallar in eis, nee fallam ex eis. *Et pour lors elles nous deviennent un miroir qui nous montre nos défauts & les moyens de nous guérir.* Utere lectione divinâ vice fpeculi. Scriptura enim eft fpeculum fæda oitendens, & corrigi docens. *Ceux qui ofent faire autorifer, par l'Ecriture-Sainte, un ufage licen-cieux, ne méritent point d'autre réponfe que celle que S. Auguftin fit fouvent à Julien : ce que vous dites n'eft pas vrai, vous êtes un féducteur & un infenfé.* Non eft verum quod dicis, lingua tua amplexa eft dolofitatem. . . . erras & tibi confentientes mittis alios in errorem. Ifta non diceres fi tu fanum animum haberes. S. Aug. cont. Jul.
(2) Querelles Littéraires, tom. 2.

sion des Comédiens, & que cet accord des Magistrats & des Casuistes pourroit donner lieu à de sérieuses réflexions.

M. l'Abbé *Irail* puisse-t-il en faire d'assez bonnes pour imiter le repentir du P. *Caffaro !* car il faut aimer les hommes & ne haïr que leurs erreurs. *Diligite homines, interficite errores.*

LETTRE d'un ancien Officier de la Reine, à tous les François, sur les Spectacles [par M. *Trebuchet.*] *Paris,* 1759.

LETTRE d'un Curé du Diocèse de ***, à M. de *Marmontel*, sur son Extrait critique de la Lettre de M. *Jean-Jacques Rousseau* à M. *d'Alembert. Paris,* 1760.

L'Auteur de cette Lettre est M. *Secousse,* Curé de la Paroisse de S. Eustache de Paris. Cet Ecrit intéressant est à joindre aux autres monumens du zéle avec lequel le respectable Corps des Curés de cette Capitale a si souvent combattu les Moralistes relâchés.

LETTRES HISTORIQUES & Critiques sur les Spectacles à Mlle *Clairon,* pour & cont. les Théatres. 505

Clairon, Actrice de la Comédie Françoise, dans lesquelles on prouve que
les Spectacles font contraires aux bonnes mœurs. *Avignon. Paris*, 1762.

Ces Lettres font une bonne critique de la Consultation que M. *Huerne
de la Motte* avoit adreffée à Mlle *Clairon :* on y a fait imprimer à la fin l'Arrêt du Parlement de Paris, du 22
Avril 1761, qui condamne la Confultation.

L'Auteur de ces Lettres eft le P.
Joseph - Romain Joly. Il en a donné
tout le fond fous une forme diffé-
rente dans le troifieme tome d'un
autre de fes Ouvrages, qui a pour
titre : Conférences fur les principaux
fujets de la Morale Chrétienne. *Paris*,
1768.

Le Dictionnaire Universel des
Sciences Eccléfiaftiques par le R. P.
Richard, & autres Religieux Domi-
nicains, imprimé chez *Jombert* en 6
vol. *in-fol.* On y trouve au mot *Spectacles*, une fuite méthodique des meilleurs principes fur cette matiere.

De l'Education civile, par M.

Garnier, Profeſſeur au Collége Royal, & de l'Académie Royale des Inſcriptions & Belles-Lettres. *Paris*, 1765.

Le troiſieme Chapitre de ce ſolide Ouvrage contient les réflexions les plus juſtes contre la prétendue utilité morale de nos Spectacles. On ſçait que les Poëtes Dramatiques attribuent à leur art la gloire d'avoir triomphé de la barbarie, & d'avoir adouci les mœurs publiques. M. *Garnier* eſt bien éloigné d'en convenir.

« C'eſt véritablement un grand ſer-
» vice, leur dit-il, ſi en adouciſſant les
» mœurs vous les avez rendues meil-
» leures & plus pures. Mais ſi vous
» ne les aviez adoucies qu'en les amol-
» liſſant, ſi votre magie n'avoit ſervi
» qu'à transformer des tigres & des
» lions en des renards & en des ſin-
» ges, le beau ſecret que vous auriez
» trouvé ! … Vous vous vantez d'ê-
» tre les Précepteurs de la Nation. Eh
» bien ! dites-nous donc depuis plus
» d'un ſiecle que nous prenons de
» vos leçons, avons-nous fait bien des
» progrès dans le chemin de la vertu ?

» Les hommes parmi nous font-ils
» devenus plus appliqués à leur de-
» voir & plus délicats fur leur réputa-
» tion ? Les femmes fe refpectent-elles
» davantage ? Les enfans font-ils plus
» foumis à leurs parens ? L'union re-
» gne-t-elle davantage dans les fa-
» milles ? Les droits de l'amitié font-
» ils mieux connus & plus refpectés ?
» La patrie a-t-elle acquis un plus
» grand nombre d'illuftres défenfeurs ?
» Enfin ceux qui vous fréquentent,
» valent-ils mieux que ceux qui vous
» négligent ? Tâchez fur-tout de nous
» prouver bien clairement ce dernier
» point ; car j'obferve que les parens
» qui s'occupent de l'éducation de
» leurs enfans, vous redoutent étran-
» gement, que les perfonnes à qui leurs
» places prefcrivent de la gravité &
» de la décence, craindroient d'être
» furpris dans les temples où l'on dé-
» bite fi pompeufement vos maximes,
» que bien des gens fenfés s'y en-
» nuyent, que vos Prêtres & vos Prê-
» treffes ne jouiffent pas encore des
» droits que les Loix accordent au

Q q ij

» dernier des Citoyens....... J'ouvre
» vos Livres, & je ne trouve partout
» que certaines amours romanesques
» dont l'absurdité & la triste unifor-
» mité sont encore les moindres dé-
» fauts. Le devoir & la vertu sont
» dans vos pieces de malheureuses
» victimes que vous parez de quelques
» fleurs pour faire à l'amour un sa-
» crifice plus éclatant. Comment avez-
» vous remplacé le chœur des An-
» ciens? Par des confidens & des con-
» fidentes que je n'oserois nommer
» par leur nom, & qui semblent n'a-
» voir d'autres fonctions que de cor-
» rompre ceux qu'ils conseillent......
» Quels modeles osez-vous offrir aux
» femmes des *Phedres*, des *Cléopatres*,
» des *Hermiones*, des *Roxanes*, des
» *Eriphiles*, &c. Voudriez-vous avoir
» de pareilles héroïnes pour filles &
» pour femmes? Enfin que peuvent
» faire de mieux ceux qui vont vous
» entendre, que d'armer leur cœur
» contre des impressions funestes à
» leur repos, & d'oublier si parfaite-
» ment ce qu'ils viennent d'appren-

» dre, qu'il ne leur en reste aucun
» souvenir en rentrant dans le sein de
» leur famille? Mais on ne peut es-
» pérer cette modération de cette
» foule de jeunes gens que l'on voit
» si ordinairement se pâmer au doux
» chant des Sirenes. Ils passent bien-
» tôt de l'image à la réalité, & finis-
» sent par s'énerver l'ame & le corps.
» Les moins coupables sont ceux qui
» cultivent la musique & la danse,
» qui sont idolâtres de leur figure, &
» qui veulent plaire aux femmes en
» s'efforçant de leur ressembler. Et
» cependant ces gens sont pourvus
» de charges, sans qu'ils songent aux
» moyens de les bien remplir..... Qui
» consolera la patrie en proie à des
» ames de boue? Qu'un Cordonnier,
» qu'un Tailleur fassent mal une chaus-
» sure ou un habit, c'est un malheur
» facile à réparer, & qui retombe à
» la fin sur eux-mêmes ; mais qu'un
» homme en place se conduise mal,
» la patrie entiere s'en ressent, & sou-
» vent la plaie devient incurable......
» Qu'on ait donc soin d'inculquer de

» bonne heure aux jeunes gens qu'ils
» ne font point faits comme de vils
» animaux, pour fe procurer des fen-
» fations voluptueufes, que leur rai-
» fon eft le flambeau qui doit les
» éclairer ; que cette raifon, épurée
» par la Religion, dicte des devoirs ;
» que la fatisfaction qui provient des
» actions vertueufes, eft le plus grand
» de tous les plaifirs, & le feul per-
» manent ; qu'un homme qui néglige
» fa raifon eft plus à plaindre que ce-
» lui qui renonceroit volontairement
» à l'ufage de fes yeux ; qu'il eft auffi
» impoffible d'être heureux avec une
» ame fouillée de vices, que de fe
» bien porter avec un corps couvert
» d'ulceres ; que la fcience eft la four-
» ce des biens, comme l'ignorance
» eft la fource de tous les maux. »

DES CAUSES DU BONHEUR PUBLIC, par M. l'abbé *Gros de Befplas.* Paris, 1768.

Cet Ouvrage intéreffant contient un Chapitre fur le danger des Théatres & la néceffité de les réformer.

Bodin, cet Ecrivain du feizieme

fiécle, qui paroît avoir fourni à M. de *Montesquieu* l'idée de l'efprit des Loix, & celle de ce fyftême qui regle fur l'échelle des climats les mœurs & la religion des peuples (1). *Bodin* qui, dans fes rêveries politiques, tolere toutes les Religions, excepté la Religion chrétienne dont il étoit ennemi, defiroit plutôt la fuppreffion que la réformation des jeux de Théatre. Il penfoit fur cet objet comme les anciens Légiflateurs des Grecs, dont on a ci-devant parlé pages 78, 79 & 100. » Les jeux fcéniques,

(1) Ce fyftême a paru merveilleux aux Matérialiftes qui n'attribuent nos facultés intellectuelles qu'à des modifications de la matiere, de forte que, felon eux, l'exiftence des ames eft une chimere, & l'homme ne diffère du Singe que par l'organifation matérielle. Ce n'eft pas après avoir été endoctriné par une pareille Philofophie, qu'on dira ce que le célebre *Bouchardon*, enthoufiafmé de la lecture d'Homere, difoit à l'illuftre Antiquaire, M. le Comte de *Caylus : Depuis que j'ai lu ce livre, les hommes ont quinze pieds, la Nature s'eft accrue pour moi.* Mais c'eft la Religion chrétienne qui nous rehauffe réellement & bien davantage lorfqu'elle nous enfeigne que notre

» dit-il (1), ſont une peſte de la Répu-
» blique des plus pernicieuſes qu'on
» ſçauroit imaginer. Car il eſt d'expé-
» rience qu'il n'y a rien qui gâte plus
» les bonnes mœurs & la ſimplicité
» & bonté naturelle d'un peuple. Ce
» qui a d'autant plus d'efficace & de
» puiſſance que les paroles, les accens,
» les geſtes, les mouvemens & actions
» conduits avec tous les artifices
» qu'on puiſſe imaginer, laiſſent une
» impreſſion vive en l'ame de ceux
» qui tendent là tous leurs ſens. Et
» pour faciliter encore plus cette im-
» preſſion, l'on met toujours à la fin

ame eſt, non une vapeur déliée, c'un air ſub-
til, mais une ſubſtance ſpirituelle & immor-
telle, qui, comme un miroir, doit recevoir &
réfléchir l'image de toutes les perfections de
de Dieu ; c'eſt-à-dire, « que la vie de l'ame,
» comme le dit M. *Boſſuet*, doit être une imi-
» tation de celle de Dieu, qu'elle doit vivre
» comme lui de raiſon & d'intelligence, &
» qu'elle eſt deſtinée à lui être unie, en le
» contemplant & en l'aimant. *Diſc. ſur l'Hiſt.
univ.* Tam magnum bonum eſt natura ratio-
nalis, ut nullum ſit bonum quo beata ſit, niſi
Deus.

(1) Dans le ſixieme Livre de ſa Républ.

» dès Tragédies comme un poison ès
» viandes, la farce ou Comédie. Quand
» les jeux de Théatre seroient toléra-
» bles aux pays méridionaux pour être
» d'un naturel plus pesant & plus mé-
» lancolique, & pour leur constance
» naturelle, moins sujets à changer,
» si est-ce que cela doit être défendu
» aux Peuples, tirant plus vers le Sep-
» tentrion pour être de leur nature
» sanguins, légers & volages, & qui
» ont presque toute la force de leur
» ame dans l'imagination du sens com-
» mun & brutal. Mais il ne faut pas
» espérer que ces jeux soient défen-
» dus ou empêchés par les Magistrats.
» Car ordinairement on en voit qui
» sont les premiers à ces jeux (1).

(1) On a ci-devant vu page 158, que sous
Charles VIII les Magistrats ne méritoient pas
le reproche que *Bodin* faisoit à ceux de son
temps. Mais chaque siecle a eu ses *Catons* &
ses *Scipions.* On sçait avec quelle chaleur ce
dernier, qui étoit *Scipion l'Africain,* s'éleva
contre l'usage où l'on étoit de son temps, de
se servir des Comédiens pour apprendre aux
jeunes gens à danser, à chanter ou à décla-
mer, exercices, dit-il, qui auroient paru hon-

C'est sans doute relativement à l'impossibilité morale de supprimer les Théatres, que M. de *Besplas* en demande au moins la réformation. Elle est nécessaire à plus d'un égard. Car pour se borner au genre qui auroit dû être le moins dangereux, combien chez tous les Modernes la Tragédie a-t-elle toujours été éloignée de ce qu'elle étoit dans les beaux jours d'Athènes, qui finirent sous Alexandre ! Elle ne se proposoit alors que l'instruction des Citoyens. Elle avoit même des rapports avec la Religion & l'administration politique du pays, comme on l'a ci-devant dit page 142. C'est par cette considération que les Magistrats de l'Aréopage pouvoient composer des Tragédies, au lieu qu'il y avoit une Loi expresse qui leur défendoit de faire des Comédies. M. le

teux à nos Ancêtres, qui n'auroient pas voulu pour la moindre partie de l'éducation, confier leurs enfans à des gens décriés par leur profession ou par leurs mœurs. *Eunt in ludum histrionum, discunt cantare & saltare, quod majores nostri ingenuis, probro duci voluerunt.* Macrob. Saturn. Lib. 2. c. 8.

Franc de Pompignan nous a donné une belle idée (1) de ces Tragédies anciennes compofées par des Philofophes & par des hommes d'Etat (2): Et en comparant ces Drames avec ceux de notre fiecle qui a proftitué les Lettres & les arts à la molleffe, au luxe & à la volupté, cet Académicien fait des réflexions dignes d'un Poëte Philofophe.

« Je ne penfe point fans étonne-
» ment, dit-il, au prodigieux avan-
» tage que les Payens ont fur les Chré-
» tiens à l'égard de la morale du Théa-
» tre..... Tout ce qui pouvoit avi-
» lir l'ame étoit banni des anciennes
» Tragédies grecques. L'Hyppolyte
» d'*Euripide*, eft, à proprement parler,

(1) Dans fa Differtation en forme d'avertiffement, qui eft au commencement de fa
traduction des Tragédies d'*Efchyle*, qui a paru
en 1770.

(2) *Efchyle* avoit été Difciple de *Pythagore*,
& il fervit dans les batailles de Marathon &
de Salamine. *Sophocle* fut Magiftrat & Militaire, il fut affocié à Periclès dans la guerre
contre les Lacédémoniens. *Euripide*, éleve de
Socrate, fit le voyage d'Egypte avec *Platon*.

» la ſeule où l'amour agiſſe; on ne
» l'employoit pas pour exciter la ter-
» reur & la pitié. Les Auteurs Dra-
» matiques mettoient en œuvre d'au-
» tres reſſorts. Ils n'expoſoient ſur le
» Théatre les malheurs & les crimes
» de l'humanité, que pour rendre les
» hommes plus ſages & plus ver-
» tueux. Les mœurs de nos Tragé-
» dies oppoſées aux mœurs de la Tra-
» gédie Athénienne, ont un caractere
» mou qui ſe fait jour à travers le pa-
» thétique & la terreur dont nos meil-
» leures pieces ſont remplies. C'eſt
» que le Théatre a pris les mœurs de
» la Nation, comme il contribue à
» ſon tour à les amollir & à les
» énerver.

 » Il n'y a point en cela d'exception
» à faire de Nation ni d'Auteur.
» François, Anglois, Eſpagnols, Ita-
» liens, Habitans du Nord, *Corneille*
» *Racine*, tous ſe réuniſſent pour con-
» ſacrer à l'amour la muſe de la Tra-
» gédie.

 » Il y a toujours de la conformité
» entre l'humeur d'un peuple & le

» genre de ſes Spectacles. Où les deux
» ſexes ſont galans, frivoles, volup-
» tueux, il faut que le Théatre enſei-
» gne & reſpire le plaiſir, qu'il nour-
» riſſe les paſſions, qu'il les rende in-
» téreſſantes juſques dans leurs égare-
» mens, & qu'il faſſe de l'amour la
» foibleſſe des grands cœurs.

» La conjuration de *Cinna* ſera
» échauffée par l'amour d'*Emilie; Pau-*
» *line* ſera fidele à ſon époux, mais
» elle amenera *Sévere. Céſar* menera
» de front le renverſement de la Ré-
» publique & le concubinage de *Cléo-*
» *patre.* Le vieux *Sertorius* voudra ſé-
» duire une jeune femme éperdue-
» ment amoureuſe de ſon mari. Voilà
» les mœurs de la Tragédie chez le
» plus grave & le plus ſublime de nos
» Poëtes. Nous donnons à *Melpomene*
» la ceinture de *Vénus....* Pour pu-
» rifier notre Théatre, nous diſons
» que les foibleſſes y ſont combattues
» par le remords, condamnées par la
» raiſon, convaincues par l'honneur,
» punies par l'événement, que le con-
» trepoiſon marche à côté du venin,

» & que la vertu triomphe toujours.
» Mais ce raiſonnement n'eſt que ſpé-
» cieux. Quels Prédicateurs ont ja-
» mais canoniſé le vice ? Et cependant
» parmi nos Prédicateurs, combien
» n'en voit-on pas qui le couvrent de
» fleurs ; en croyant l'accabler de fou-
» dres, lui ôtent ſa difformité, l'em-
» belliſſent preſque, & par des por-
» traits paſſionnés & par des deſcrip-
» tions fleuries, ils le font rentrer
» dans des cœurs d'où la parole Evan-
» gélique devroit l'arracher ! Si tel eſt
» l'effet de ces inſtructions trop peu
» chrétiennes, quel ſera celui d'un
» Théatre où l'on prête à nos foibleſ-
» ſes les attraits ſéduiſans de la poé-
» ſie & la chaleur de l'action ? Avec de
» pareils remedes, on rend incurable
» le mal qu'on prétend guérir. »

Nos jeux de Théatre ne ſont pas
ſeulement vicieux dans leur conſtitution morale ; ils ont auſſi de
grands défauts dans leur conſtitution
littéraire. Et leur imperfection à ce
dernier égard a ſon avantage, en ce
qu'elle doit diminuer les regrets de

ceux qui , pour conferver leurs mœurs , ne fe permettent pas la fréquentation des Spectacles.

Le célebre M. de *Fénelon* , Archevêque de Cambrai , donne à entendre dans fa Lettre à l'Académie Françoife , que par une confidération philofophique il ne s'intéreffoit pas à la réforme des fautes graves que les Littérateurs éclairés ont à reprocher à la plûpart de nos meilleurs Poëmes Dramatiques. «Je ne fouhaite pas , » dit-il, qu'on perfectionne les Spec- » tacles où l'on ne repréfente les paf- » fions corrompues que pour les allu- » mer. Nous avons vu que *Platon* & » les fages Légiflateurs du Paganifme » rejettoient loin de toute Républi- » que bien policée les fables & les » inftrumens de mufique qui pou- » voient amollir une Nation par le » goût de la volupté. Quelle devroit » donc être la févérité des Nations » chrétiennes contre les Spectacles ! » Loin de vouloir qu'on perfectionne » les Théatres, je reffens une véritable » joie de leurs défauts Littéraires. Nos

» Poëtes ont rendu les Spectacles lan-
» guiſſans, fades & doucereux comme
» les Romans. On n'y parle que de
» feux, de chaînes & de tourmens.
» On y veut mourir en ſe portant
» bien. Une perſonne très-imparfaite
» eſt nommée un Soleil, ou tout au
» moins une Aurore. Ses yeux ſont
» deux aſtres. Tous les termes ſont
» outrés. Tant mieux.»

L'art Dramatique ne s'eſt pas per-
fectionné depuis M. de *Fénelon*. Et
afin qu'on n'attribue pas cette opinion à un préjugé d'une Philoſophie
cynique, on va citer les Hiſtoriogra-
phes & les maîtres de l'art.

« Notre Comédie, diſent MM. *Par-*
»*fait* (1), n'eſt pas propre à amuſer
» les perſonnes ſenſées, & à corriger
» le ridicule des hommes. Elle n'offre
» que du faux merveilleux, que des
» ſcenes découſues, que des intrigues
» compliquées, que des événemens qui
» ne ſont pas amenés, ou que des
» farces dignes tout au plus d'avoir le
» peuple pour Spectateur.

» On ne voit pas une imagination
(1) Dans l'Hiſtoire du Théatre François.

» fage en inventer les fujets, un juge-
» ment bien réglé en tracer les def-
» feins ; on n'y voit pas les graces na-
» turelles & picquantes, l'enjouement
» fin & délicat tenir le pinceau ; enfin
» notre Comédie n'eft pas un tableau
» vrai & animé.

» Egarés par l'imagination , dit
» *Madame Riccoboni* (1), nous perdons
» les traces du fentiment & de la
» vérité. Et fi nous ne retournons fur
» nos pas , il eft à craindre que le goût
» dominant ne nous replonge dans la
» barbarie des premiers fiecles.

» C'eft où nous conduiront ces mer-
» veilleux, qui, felon M. de *Querlon* ,
» (2) croient avoir fait des découvertes
» pour nous avoir apporté le goût faux,
» maniéré, petit, puérile ou fauvage,
» atroce, *ftravagante, Sfrenato,* & les
» nouveaux genres de Pantomimes....
» La corruption du goût tient plus
» qu'on ne penfe aux mœurs. Et l'in-
» fluence qu'on attribuoit à la Mufi-

(1) Dans fon nouveau Théatre Anglois.
(2) Feuilles hebdomadaires des Prov. de
l'année 1770.

» que sur celle des Grecs, tous les
» arts l'ont aujourd'hui sur les nôtres.
» Ils ne portent aux yeux, aux oreil-
» les & à l'esprit que l'image & le sen-
» timent de la volupté qu'ils respirent.

» Il est prodigieux, dit M. *Dar-*
» *naud* (1), combien nous sommes li-
» vrés à tout genre d'imposture. Il est
» des bornes dans tous les arts au-delà
» desquelles se trouvent le gigantes-
» que, l'extravagant, l'absurde, en un
» mot le faux & l'opposé du naturel.
» Et ces bornes si sages, nous les avons
» passées. Nous ressemblons précisé-
» ment à ces femmes qui, à leur en-
» trée dans le monde, mettent si peu
» de rouge qu'on peut douter si ce
» ne sont pas leurs propres couleurs.
» Ensuite leurs yeux s'accoutument à
» cet éclat étranger, & elles en abu-
» sent au point qu'elles se défigurent.
» Tout meurt sous les efforts d'un art
» corrupteur. Nos pieces de Théatre
» sont défectueuses. Les développe-
» mens y sont vicieux. Les scenes ne

(1) Dans sa Lettre sur sa Tragédie d'*Euphé-*
mie, dont la deuxieme édition parut en 1768.

font qu'indiquées. Les entrées & les
forties, une des premieres regles de
l'art Dramatique, font totalement
négligées. Les coups de Théatre
n'ont jamais été amenés avec plus
de maladreffe. La Nature eft partout
affichée au bel efprit , & l'on craint
furtout d'être fimple , & de ne pas
entaffer les ornemens. Nos Poëtes
font des efpeces de Jongleurs qui
amufent la populace aux dépens les
uns des autres..... Le Public *fe*
» laiffe abufer par des talens factices ,
» & il eft la dupe de la fauffeté du
» bel efprit. *Ut omnium rerum fic lit-*
» *terarum intemperantiâ laboramus.* Or
» dès que le goût du Public eft cor-
» rompu, rien n'eft plus rare que de
» trouver un Littérateur qui ait le cou-
» rage d'aimer la Littérature pour elle-
» même , & de s'expofer à déplaire
» à la multitude. Un tel homme ne
» confond pas le bruit avec la réputa-
» tion. Il fçait fupporter jufqu'à l'obf-
» curité & l'indigence. Il eft prêt à im-
» moler la richeffe & les emplois à fes
» talens. Il fuit le monde pour courir

„ s'enfoncer dans le silence de la soli-
„ tude. Il se redit sans cesse que l'éclat
„ Littéraire n'est rien sans l'amour de
„ la vertu; que le plus honnête homme
„ est toujours celui qu'on doit le plus
„ estimer, & il n'oublie jamais ces pa-
„ roles de *Montaigne* : *La vertu est plus*
jalouse des loyers d'honneur que des ré-
compenses où il y a du gain & du profit.
Ce n'est pas merveille si la vertu reçoit
& desire moins volontiers cette sorte de
monnoie commune que celle qui lui est
propre & particuliere.

C'est sans doute conséquemment
à cette morale, que M. *Darnaud* déclare (1) n'avoir pas voulu *se traîner*
sur les pas de ses maîtres au Théatre.

Il est vrai que ses Tragédies de
Comminge & d'*Euphémie* énergique-
ment rambrunies, ont tout le sérieux
du cothurne. Mais n'auroit-il pas été
à souhaiter que M. *Darnaud* eût donné
la préférence à des sujets profanes plutôt que de *mettre*, comme il le dit,
la religion aux prises avec la passion de

____

(1) Dans sa Lettre sur *Euphémie.*

l'amour (1), & de placer le lieu de la
Ícene de Íes Drames dans des Mo-
naſteres?

Le ſacré ſera toujours défiguré dans
les Poëmes Dramatiques qui ne ſont
applaudis qu'*autant*, comme le dit
M. Darnaud, *qu'on y fait jaillir & éclater les grandes paſſions dont la fougue
eſt ſi néceſſaire à l'action théatrale* (2),
& où pour intéreſſer les Spectateurs,
il faut préſenter les images les plus
vives des foibleſſes, des fautes & des
crimes qui ſont la honte de l'humanité (3). Voici à ce ſujet le ſentiment
de M. *Saint-Evremond.*

« L'eſprit de notre Religion, dit-
» il (4), eſt directement oppoſé à ce-
» lui du Théatre. L'humilité & la pa-
» tience de nos Saints ſont trop con-

(1) Lettre ſur la Tragédie d'*Euphémie.*
(2) *Ibid.*
(3) Cothurnus eſt Tragicus priſca facinora
carmine recenſere. *S. Cypr.*
(4) Œuvres de M. *Saint-Evremond,* tom. 3.
d'où l'on a auſſi tiré ce qui a été dit pag. 449.
ſur l'Opera, afin de confirmer l'idée qui en
avoit été donnée dans la premiere Lettre,
pag. 113.

» traires aux vertus des Héros Drama-
» tiques. Le Théatre paroît toujours
» à la plûpart des Spectateurs perdre
» de ſon agrément dans la repréſen-
» tation des choſes ſaintes ; & les cho-
» ſes ſaintes perdent du reſpect qu'on
» leur doit quand on les repréſente ſur
» le Théatre. C'eſt inutilement qu'on y
» oppoſeroit la Doctrine la plus ſainte,
» les actions les plus chrétiennes, & les
» vérités les plus utiles pour produire
» cette purgation (1) qu'*Ariſtote* avoit
» eu la ſimplicité d'admettre comme
» un remede propre à arrêter les mau-
» vaiſes impreſſions des Poëmes Dra-
» matiques. Ce Rhéteur Philoſophe eſt
» à cet égard en défaut : Car y a-t-il
» rien de ſi ridicule que de former
» une ſcience qui donne ſûrement une
» maladie qui travaille incertainement
» à la guériſon d'une autre ; y a-t-il
» rien de ſi ridicule que de mettre la
» perturbation dans une ame pour tâ-
» cher après de la calmer par des ré-
» flexions qu'on lui fait faire ſur le

(1) Il a été ci-devant parlé de cette purgation, pages 51 & 138.

» honteux état où on l'a mise? » Enfin comme *Despreaux* le dit aux Poëtes dans son Art Poëtique :

De la foi d'un Chrétien les mysteres terribles,
D'ornemens égayés ne sont point susceptibles.
L'Evangile à l'esprit n'offre de tous côtés
Que pénitence à faire & tourmens mérités (1) :
Et de vos fictions le mélange coupable,
Même à ses vérités donne l'air de la fable.

La nécessité de réformer la licence
de nos Spectacles est donc bien con-
nue. Mais cette réformation est-elle
moralement possible? On a ci-devant
rapporté page 123, une opinion mo-
tivée qui décide négativement la
question.

En effet il a paru des projets de réformation. Quelque peu séveres qu'ils
soient , ils ont été regardés comme
des spéculations vaines & imprati-
cables.

Néanmoins comme ces ouvrages ,
qu'il reste à indiquer, ont été compo-
sés par des Auteurs attachés , par état
ou par goût, aux Théatres, ils ont un

____

(1) Flere commissa, & flenda non committere.

caractere ſingulier d'autorité pour la
peinture , qui y eſt faite des vices
& des dangers des Repréſentations
Théatrales. *Hoc eſt argumentum rei.*

Il n'eſt pas ſurprenant que l'Art
Dramatique n'ait preſque toujours
enfanté que des productions folles &
dangéreuſes. Cet art eſt né de la folie
& de l'ivreſſe que le *Dieu des raiſins*
inſpiroit. En voici la généalogie :

La Tragédie informe & groſſiere en naiſſant,
N'étoit qu'un ſimple chœur , où chacun en
     danſant,
Et du Dieu des raiſins entonnant les louanges,
S'efforçoit d'attirer de fertiles vendanges.
Là le vin & la joie éveillant les eſprits
Du plus habile chantre un bouc étoit le prix,
Theſpis fut le premier, qui barbouillé de lie
Promena par les Bourgs cette heureuſe folie ;
Et d'Acteurs mal ornés chargeant un tombereau
Amuſa les paſſans d'un ſpectacle nouveau.
Eſchyle dans le chœur jetta les perſonnages ;
D'un maſque plus honnête habilla les viſages ;
Sur les ais d'un Théatre en public exhauſſé,
Fit paroître l'Acteur d'un brodequin chauſſé,
Sophocle enfin donnant l'eſſor à ſon génie,
Accrut encor la pompe, augmenta l'harmonie,
                        Intéreſſa

Intéreffa le chœur dans toute l'action,
Des vers trop raboteux polit l'expreffion.
Lui donna chez les Grecs cette hauteur divine
Où jamais n'atteignit la foibleffe latine.

Defp. ar Poët.

Mais quels chants pourroit-on attendre de Thalie,
Lorfque d'Ariftophane époufant la folie,
Et par fon impudence affurant fes fuccès,
Elle s'abandonnoit aux plus honteux excès.

Louis Racine, Epit. à M. de Valincourt.

La Poéfie ne devoit pas être profanée par de pareilles fictions. C'eft la
dégrader, que de ne pas lui conferver
la pureté de fa divine inftitution.
Elle a pour titre primordial de fa
naiffance, le Cantique qui fut com-
pofé par *Moyfe* après le paffage de la
mer rouge. « De-là, dit M. *Boffuet*,
» eft né la Poéfie. C'étoit Dieu & fes
» œuvres merveilleufes qui en étoient
» les fujets. Dieu les infpiroit lui-mê-
» me. Et il n'y a proprement que le
» Peuple de Dieu où la Poéfie foit
» venue par enthoufiafme. »

Moyfe, le plus ancien des Poëtes,
confacra donc la Poéfie à la vérité
éternelle. Et plufieurs fiecles après on

R r

vit *Homere* la conſacrer au menſonge.
Elle devint l'inſtrument des paſſions.

Elle oſa nous prêcher le vice effrontément :
Elle mit en tous lieux ſa gloire à nous ſéduire,
Et corrompit des cœurs qu'elle devoit inſtruire.
Homere le premier, fertile en fictions,
Tranſporta dans le Ciel toutes nos paſſions.
C'eſt lui qui nous fit voir ces maîtres du Tonnerre,
Ces Dieux dont un clin d'œil peut ébranler la
    terre,
Injuſtes, vains, craintifs, l'un de l'autre jaloux,
Au ſommet de l'Olympe auſſi foibles que nous,
Et c'eſt lui-même encor dont la main dangé-
    reuſe
A tiſſu de *Vénus* la ceinture amoureuſe.
Les feux qui de *Sapho* conſumerent le cœur,
Dans ſes écrits encore exhalent leur chaleur.
Pour chanter les exploits des héros qu'il admire
Le foible *Anacréon* en vain monte ſa lyre,
Les cordes ſous ſes doigts ne réſonnent qu'a-
    mour.

. . . .

Dans ces temps malheureux *Vénus*, avoit des
    Temples,
Le crime autoriſé par d'auguſtes exemples,
Ne paroiſſoit plus crime aux yeux de ces mor-
    tels,
Qui d'un Mars adultere encenſoient les autels.

Sur une terre impie & fous un ciel coupable,
Le chantre des plaifirs pouvoit être excufable.
Cependant aujourd'hui les enfans de la foi
D'un plus fage tranfport ont-ils fuivi la Loi?
Hélas ! dreffant partout un piége à l'inno-
      cence,
Des Romains & des Grecs ils paffent la licençe.
Je pleure avec raifon tant de rares efprits
Qui pouvant nous charmer par d'utiles écrits
De ces précieux dons oubliant l'avantage,
Ont fouillé des talens dignes d'un autre ufage.
  Des difcours trop groffiers le Théatre épuré
Eft toujours à l'amour parmi nous confacré.
Là de nos paffions l'image la plus vive,
Frappe, enleve les fens, tient une ame captive,
Le jeu des paffions faifit le Spectateur ;
Il aime, il haît, il craint, & lui même eft Acteur,
D'un Héros foupirant là chacun prend la place,
Et c'eft dans tous les cœurs que la fcene fe paffe.
Le poifon de l'amour a bientôt pénétré,
D'autant plus dangéreux, qu'il eft mieux préparé.
. . . .
L'homme eft long-temps trompé par de fauffes
      images;
Mais la mort qui s'approche, écarte les nuages.
Captive jufqu'alors, enfin la vérité
Sort du fond de nos cœurs, & parle en liberté :
On écoute fa voix, on change de langage :
De l'efprit & du temps on regrette l'ufage;

Regrets tardifs d'un bien qui n'eſt jamais rendu ;
L'eſprit eſt preſque éteint , & le temps eſt perdu,
Ne perdons point le nôtre. Heureux , dans ſa
    jeuneſſe
Qui prévoit les remords de la ſage vieilleſſe ;
Mais plus heureux encore qui ſait les prévenir.
Et commence ſes jours comme il veut les finir,
    Ainſi quoiqu'à mes yeux le Théatre ait des
        charmes,
Je ſuis & ne veux point me préparer des larmes.

Louis Racine,

'At tanti tibi ſit non, indulgere Theatris

. . . .

Enervant animos citharæ, cantuſque lyræque,
Et vox & numeris brachia mota ſuis,

Qvid,

TRAITÉ DE LA RÉFORMATION du Théatre par *Louis Riccoboni*, ancien Acteur Italien, nouvelle édition, *Paris* 1767. Cette édition eſt pareille à celle de 1743.

Cet Auteur dit dans la Préface, que ſon plan de réformation ne devroit avoir lieu que dans le cas qu'il ne ſeroit pas poſſible de ſupprimer, ſans des inconvéniens, les Théatres dans une grande ville,

Mais ce plan de réformation se reffent de la difficulté de réformer des Théatres , dont , dit *Riccoboni* , les Piéces les plus modeftes font fort au-deffous de la pureté des meilleures Piéces de *Plaute*. Auffi cet Auteur croit-il avec raifon , que fon plan eft encore fufceptible de réformation. « J'exclus, dit-il, tout-à-fait la paffion » de l'amour des piéces qu'on écrira » pour le Théatre réformé. Je pré- » tens auffi abolir entierement la » danfe des femmes. Mais mon fyf- » tême , toute proportion gardée , » pourroit être comparé à celui de » *Platon* par rapport à fa République. » Il auroit fallu pour la peupler, que » ce Philofophe eût créé des hommes » nouveaux ; & pour fonder le Théa- » tre que je propofe , il faudroit pé- » trir des hommes d'une pâte toute » nouvelle. Il eft impoffible que des » Spectateurs qui n'ont jamais connu » d'autres Spectacles que ceux où l'a- » mour fert de bafe , où cette paffion » anime les intrigues , où elle déter- » mine prefque les caracteres, ou en-

R r iij

» tin les épisodes & la diction ne res-
» pirent que l'amour, il est impossible,
» dis-je, que de tels Spectateurs adop-
» tent précisément le contraire, & ne
» soient pas révoltés par mon système.

Au reste cet Auteur indique la voie la plus sûre pour faire tomber le goût de nos Spectacles tels qu'ils sont, c'est d'élever les jeunes gens de maniere qu'ils ne s'exposent jamais à y aller. C'est en effet à la mauvaise éducation qu'il faut attribuer la corruption des mœurs.

« Communément jusqu'à l'âge de
» dix ans, dit *Riccoboni*, les enfans
» sont très-bien élevés; depuis dix
» ans jusqu'à quinze l'éducation foi-
» blit, & les enfans commencent à
» être gâtés, souvent même par leurs
» peres & par leurs meres: enfin de-
» puis quinze ans jusqu'à vingt, les
» jeunes gens maîtres de leurs actions,
» achevent eux-mêmes de se corrom-
» pre.

» Les parens sont pour l'ordinaire
» plus occupés de l'apparence, de
» l'extérieur, que du fond & de l'es-

» fentiel de l'éducation de leurs en-
» fans. On ne s'attache à leur ap-
» prendre que la politeſſe, les belles
» manieres & l'uſage du monde ; en-
» forte qu'à dix ans, ils ſont en état
» de paroître dans ce qu'on appelle
» les meilleures compagnies où on a
» grand ſoin de les préſenter. C'eſt là
» qu'ils entendent parler de toutes
» fortes de matieres qui peuvent ou
» exciter leur curiofité, ou dévelop-
» per les germes de leurs paſſions. Et
» c'eſt-là, que dans un âge encore
» tendre & ſi fufceptible des impreſ-
» fions du vice, ils commencent à
» le connoître & à fe familiariſer
» avec lui.

» Ces principes de corruption re-
» çoivent une nouvelle force des
» Spectacles publics, où les peres &
» les meres ont l'imprudence de
» s'empreſſer de conduire leurs en-
» fans de l'un & l'autre ſexe. Or,
» quelles atteintes mortelles ne doi-
» vent pas donner à leur innocence
» le nombre infini de maximes em-
» peſtées qui fe débitent dans les Tra-

R r iv

» gédies, dans les Opera, & les ex-
» preſſions & les images licencieuſes
» que préſentent les Comédies. Ils
» ne les effacent jamais de leur mé-
» moire.... Ils y voïent des Grands,
» des perſonnes élevées en dignité,
» des vieillards, &c. y applaudir. Ils
» s'imaginent que tout ce qu'on leur
» expoſe eſt à retenir.... Ils agiſſent
» en conſéquence lorſqu'ils jouiſſent
» de leur liberté, & les voilà cor-
» rompus dans le cœur & dans l'eſ-
» prit pour le reſte de leur vie.....
» Mais, dit-on, quel inconvénient
» y a-t-il qu'ils entendent parler de la
» paſſion de l'amour, il faut bien
» qu'ils la connoiſſent tôt ou tard?
» C'eſt ce que je ſuis très-éloigné de
» croire. On doit toujours ignorer
» le libertinage. Mais quand cette
» paſſion ſeroit traitée avec plus de
» réſerve ſur le Théatre, il n'y auroit
» pas moins d'inconvénient; & ſi j'oſe
» le dire, moins de cruauté à leur
» donner ſur une matiere ſi délicate,
» des leçons prématurées & infini-
» ment dangéreuſes, & à leur faire

» courir le risque de perdre leur in-
» nocence avant même qu'ils sachent
» quel est son prix, & combien cette
» perte est affreuse & irréparable.
» Mais les parens s'intéresseront-ils à
» leur conserver cette vertu, s'ils
» n'en connoissent pas eux-mêmes
» le prix? Néanmoins ils sont en-
» suite au désespoir quand leurs en-
» fans donnent dans des désordres
» préjudiciables à leur fortune. »

ESSAI SUR LES MOYENS DE RENDRE la Comédie utile aux mœurs, par M. B*. *Paris*, 1767.

Cet Ecrit se trouve joint à la derniere édition de l'Ouvrage précédent. L'Auteur soutient que toutes nos Comédies n'ont pas atteint le véritable but de la Comédie, qui, dans son essence, est une satyre des mœurs capable de les corriger. Il propose des moyens de réformer à cet égard notre Théatre, mais en même-temps il convient de l'impossibilité d'y réussir relativement au mauvais goût de notre Nation, « qu'on ne peut, dit-
» il, amuser qu'en n'introduisant sur

» le Théatre que des perſonnages
» plutôt ſemblables à des marionnet-
» tes qu'à des hommes. »

CAUSES DE LA DÉCADENCE du goût ſur le Théatre. *Paris*, 1768.

Il n'eſt queſtion dans cet Ouvrage que d'obſervations Littéraires, néanmoins elles font connoître que l'Auteur n'ignore pas qu'il y a des riſques pour les mœurs à fréquenter les Spectacles. Il penſe que la plûpart des Spectateurs ne s'y portent que pour y perdre par une foule de diſtractions & d'amuſemens, un temps qui eſt pour eux un fardeau inſupportable. Il impute aux Comédiens d'être la principale cauſe de tous les reproches que les Moraliſtes font aux Théatres publics. Il déclame contre l'enthouſiaſme avec lequel preſque tous les Amateurs des Spectacles parlent des Comédiens. Il ne penſe pas qu'un état qui, relativement à ſes fonctions, ne ſçauroit être embraſſé que par l'indigence & le libertinage, puiſſe jamais ceſſer d'être honteux. Et à l'égard de ce qu'on dit vulgairement qu'on peut exercer cette profession sans déroger. Il répond qu'il en est de même de plusieurs autres actions qu'un Gentilhomme a la foiblesse de se permettre sans qu'il en résulte une dérogation légale, mais qu'il n'encourre pas moins le mépris des gens honnêtes; que c'est ridiculement que des personnes prétendent relever la profession de Comédien, sous prétexte que *Louis XIV* joua dans sa jeunesse avec les Acteurs de l'Opéra quelques rôles dans des Ballets; que d'ailleurs ce Monarque, comme le dit M. de *Voltaire*, en reconnut les inconvéniens quand il eut conçu l'idée de la véritable grandeur.

DE L'ART DU THÉATRE en général, où il est parlé de différens genres de Spectacles, & de la Musique adaptée au Théatre. *Paris*, 1769.

M. *Nougaret*, à qui l'on attribue cet Ouvrage didactique, paroît très-amateur des Spectacles. Il exagere beaucoup leurs avantages, lorsqu'il dit:

« Il est démontré que la Tragédie » & la Comédie font l'école des

» mœurs; les hommes viennent s'y
» inſtruire en s'amuſant. On leur doit
» les progrès de l'eſprit, & peut-être
» ceux de la vertu. Lorſqu'un peuple
» eſt plongé dans la barbarie, il igno-
» re ce qu'on entend par Spectacle;
» mais à meſure qu'il ſe polit, on le
» voit careſſer les Muſes, & courir en
» foule au Théatre. »

Ces aſſertions dérivent d'une paſſion favorite qui trouble l'équilibre
& l'harmonie du cerveau. Cependant
cet Auteur ne ſe livre pas à ſon zèle
juſqu'à s'aveugler ſur les défauts, les
dangers & la corruption actuelle de
nos Théatres. Il convient que ce qu'il
appelle *gens à préjugés*, c'eſt-à-dire,
les ennemis des Spectacles, ont quelqu'apparence de raiſon. Voici quelques-unes de ſes réflexions.

« On ſait, comme le dit M. *Nadal*
» dans la Préface de la Tragédie de
» *Marianne*, qu'on ne peut faire réuſ-
» ſir une Piece Dramatique qu'en flat-
» tant les paſſions des cœurs corrom-
» pus. Peut-être même qu'en recher-
» chant la méchanique de celles de

» nos Pieces qui ont fait le plus de
» bruit, on trouvera que c'eſt en elles
» un fond de ce même libertinage
» qui produit dans la repréſentation
» je ne ſçai quelle eſpece d'illuſion
» & d'enforcellement. Et ſi l'on ſe
» plaît aux Spectacles les plus tragi-
» ques, quelque déchirement qu'ils
» faſſent éprouver à l'ame ſenſible,
» n'eſt-ce point, comme le dit l'abbé
» *du Bos*, parce que le cœur eſt en-
» nemi du repos qui le fait tomber
» dans l'indolence, dans une langueur
» inſipide? Et afin de s'occuper, il ſe
» remplit de paſſions triſtes ou en-
» jouées, peu lui importe, pourvu
» qu'elles le retirent du déſœuvrement.

 » La magie du Spectacle, dit M.
» *Nougaret*, la vûe des Actrices, les
» femmes qui rempliſſent les loges,
» tout nous porte aſſez à l'amour ſans
» qu'il ſoit néceſſaire de compoſer des
» Drames dont l'intrigue agréable &
» galante, le ſtyle léger & délicat nous
» invitent à nous livrer à cette paſ-
» ſion. Je fais une remarque: je ſuis
» un des premiers Poëtes qui en par-

» lant de Drames ait averti d'en ban-
» nir la licence.

Je ne puis estimer ces dangéreux Auteurs,
Qui de l'honneur en vers infâmes déserteurs,
Trahissant la vertu sur un papier coupable
Aux yeux de leurs Lecteurs rendent le vice
aimable.

Despr. Art. poét.

» Il faudroit que les Auteurs, sur-
» tout ceux qui travaillent pour le
» Théatre, n'eussent rien à voiler.
» La Comédie & la Tragédie met-
» tent toujours l'amour en jeu ; mais
» le Spectacle moderne, c'est-à-dire,
» le Théatre Italien (1), met dans

(1) On sçait que ce Théatre fut dès son origine fort enclin aux indécentes bouffon- neries. Il est rapporté dans la Gazette de France, du 17 Mai 1697 « que *Louis XIV* le « proscrivit, parce que l'on n'y gardoit pas » les réglemens, que l'on y jouoit des Pieces » licencieuses, & que l'on ne s'y étoit pas » corrigé des obscénités & des gestes indécens; » que quelques personnes de la premiere qua- » lité, protecteurs de la Comédie Italienne, » avoient agi auprès du Roi pour la révoca- » tion de son Arrêt contr'elle, mais que » leurs démarches furent inutiles. »

» fes Opera bouffons, dans fes Comé-
» dies à Ariettes, l'indécence en ac-
» tion ou du moins peu s'en faut.

» Tout, dans les Drames de ce
» Théatre, confpire à faire rougir la
» pudeur. Le fujet eft contre la dé-
» cence. L'intrigue & l'action for-
» ment des images révoltantes, les
» détails refpirent la paffion même.
» En un mot, tout peint & célebre
» la volupté. On la fait pénétrer par
» les yeux & par les oreilles jufque
» dans le fond de l'ame. L'harmonie
» d'une mufique volupteufe acheve
» de porter l'ivreffe dans les fens des
» Spectateurs. Je doute que les *Siba-*
» *rites* aient eu des Spectacles plus
» dignes de leur molleffe, & des paf-
» fions auxquelles ils s'abandon-
» noient..... On met dans les fcenes ces
» petits airs coupés qui, dit M. de
» *Voltaire*, interrompent l'action, &
» font valoir les fredons d'une voix
» efféminée, mais brillante, aux dépens
» de l'intérêt & du bon fens. On y
» multiplie ces Ariettes qui, comme
» le dit M. J. J. *Rouffeau*, ne font qu'un

„ miſérable jargon criminel qu’on eſt
„ bienheureux de ne pas entendre ,
„ une collection faite au hazard d’un
„ très-petit nombre de mots ſonores
„ que notre langue peut fournir , tour-
„ nés & retournés en toutes les ma-
„ nieres, excepté de celle qui pour-
„ roit leur donner du ſens. C’eſt ſur
„ ces impertinens *amphigouris* que nos
„ Muſiciens épuiſent leur goût & leur
„ ſçavoir , & nos Acteurs leurs geſtes
„ & leurs poumons. C’eſt ſur ces mor-
„ ceaux extravagans que nos femmes
„ ſe pâment d’admiration. Voilà quel
„ eſt ce Théatre qu’on fréquente cha-
„ que jour , qu’on applaudit, qu’on
„ éleve juſqu’aux nuës.... Puiſqu’on
„ tolere de telles licences , que ne de-
„ vons-nous pas attendre à voir repré-
„ ſenter (1)?

Le même Auteur ſe plaint auſſi du
caractere de nos Opera.

„ Les Héros de la ſcene lyrique ,
„ dit-il, ſont trop tendres & trop lan-
„ goureux, ils ſont remplis de maxi-

______
(1) Cette peinture du Théatre Italien juſ-
tifie ce qui a été ci-devant dit pag. 125.

» mes d'amour qui révoltent les gens
» scrupuleux. »

On sçait que *Boileau* a bien peint la séduction de ce Théatre, lorsque dans sa dixieme Satyre il en décrit les funestes & inévitables influences sur la femme la plus pure qu'on y conduiroit. Personne n'ignore cette description, mais peut-on se refuser de la comprendre dans cette nuée de témoignages qu'on a rassemblés ici contre les Théatres ?

Par toi-même bientôt conduite à l'Opera
De quel air penses-tu que ta Sainte verra
D'un Spectacle enchanteur la pompe harmo-
      nieuse,
Ces danses, ces Héros à voix luxurieuse ;
Entendra ces discours sur l'amour seul roulans,
Ces doucereux *Renauds*, ces insensés *Rolands*,
Sçaura d'eux qu'à l'amour, comme au seul Dieu
      supréme
On doit immoler tout, jusqu'à la vertu même.
Qu'on ne sçauroit trop tôt se laisser enflammer,
Qu'on n'a reçu du Ciel un cœur que pour aimer ;
Et tous ces lieux communs de morale lubri-
      que,
Que *Lulli* réchauffa des sons de sa musique ?

Mais de quels mouvemens, dans son cœur excités
Sentira-t-elle alors tous ses sens agités?
Je ne te réponds pas qu'au retour moins timide,
Digne écoliere enfin d'Angélique & d'Armide
Elle n'aille à l'instant, pleine de ces doux sons
Avec quelque Médor pratiquer ces leçons.

Desp. Sat. 10.

L'Auteur de l'art du Théatre en parlant de la musique voluptueuse de nos Spectacles, donne incidemment aux femmes un avis très-sage.

« J'ose, dit-il, conseiller aux Da-
» mes malgré tous les avantages qu'el-
» les en retirent, de ne se livrer qu'a-
» vec réserve à l'étude du chant. *Méze-*
» *rai* a dit qu'*Anne de Boulen*, femme
» de *Henri VIII*, savoit trop bien
» chanter pour être sage. Cet Histo-
» rien avoit-il si grand tort de faire un
» tel jugement d'*Anne de Boulen?* Il
» est désagréable de s'exposer à de
» pareils soupçons. Il est vrai qu'on
» peut avoir une très-belle voix &
» aimer la vertu. La Musique n'est pas
» tout-à-fait incompatible avec la sa-
» gesse; mais les dangers auxquels elle
» expose une jeune femme, doivent

la lui faire craindre. Celle qui pos-
sede un organe flatteur en tire bientôt vanité. Les applaudissemens
qu'on lui prodigue la remplissent
d'orgueil. On s'apperçoit de son
foible ; on la loue avec enthousiaf-
me ; l'éloge séduit, & la tête tourne.
D'ailleurs à force de répéter des
chansons tendres & voluptueuses, le
cœur s'enflamme, l'on est moins ré-
voltée de s'entendre adresser ce que
l'on prononce tous les jours avec
sentiment, & il arrive souvent que
la mourante sagesse d'une jeune personne jette le dernier soupir lorsqu'elle ne croit encore que fredon-
ner une chanson.

» La Musique, dit *Corneille Agrip-*
pa, est des plus propres & chéries
» chambrieres du vice avec la douce
» voix & le venin emmiellé des
» chants, sons & accords voluptueux
» de ses instrumens, elle enflamme les
» desirs déréglés, & ôte toute force &
» toute vertu à l'esprit, & corrompt
» en toute lasciveté & délices, perver-
» tit les bonnes mœurs, excite impé-

» tueufement les cupidités & affec-
» tions deshonnêtes (1). »

Au refte on s'eft expliqué, ci-devant page 117, fur l'hommage que
l'on doit à la Mufique, dont l'inven-
tion doit être même confidérée comme un préfent que l'Auteur de la Nature nous a fait pour l'employer à
chanter fa gloire, à lui expofer nos
befoins, à le remercier de fes dons, à
manifefter notre joie dans la profpé-
rité, à diffiper nos chagrins dans nos
afflictions, à foulager nos peines dans
nos travaux, à exciter enfin l'ardeur
martiale dans le cœur des Combattans, *quid autem aliud in noftris legio-
nibus cornua ac tubæ faciunt? Quorum
concentus quantò eft vehementior tantò
Romana in bellis gloria ceteris præf-*

---

(1) C'eft relativement à ce genre de Mufique lafcif qu'on a ci-devant rapporté, page
117, ce paffage de *Quintilien*, qu'on répete
ici, afin d'y corriger une faute d'impreffion :
*Apertiùs profitendum puto, non hanc Muficam
à me præcipi, quæ nunc in fcenis effeminata, &
impudicis modis fracta non ex parte minimâ, fi
quid in nobis virilis roboris manebat, excidit.*
Quint. Lib. 1. Cap. 10.

tat (1). Il eſt vrai que l'abus de la Muſique, preſqu'auſſi ancien que ſon in-
vention, a fait, dit M. *Rollin*, plus
d'imitateurs de *Jubal* (2) que de *Da-*
vid ; mais il faut reconnoître avec *Plu-*
tarque, que tout homme de bon ſens
n'imputera jamais aux ſciences mêmes ce qu'on ne doit attribuer qu'aux
diſpoſitions vicieuſes de ceux qui les
corrompent,

DISSERTATION ſur les Spectacles,
par M. *Rabelleau.* Paris, 1769.

Cet Auteur propoſe ſérieuſement
de faire de la profeſſion de Comédien une eſpece de milice que chaque
Citoyen ſeroit obligé d'exercer avant
d'être admis à aucune place publique
à la Cour, dans le miniſtere, & dans
la Magiſtrature. Ce projet, tout ridi-
culé qu'il eſt, a pour motif l'impoſſi-
bilité de réformer les Comédiens de
profeſſion. M. *Rabelleau* leur repro-

(1) *Quintil.* Lib. 1. Cap. 10.
(2) *Jubal*, l'un des deſcendans du chef des
impies, c'eſt-à-dire, de *Caïn*. eſt donné pour
l'inventeur de ce genre de Muſique, aſſervi
aux objets des paſſions.

che d'être feuls la caufe de la corrup
tion actuelle des Théatres. « Un
» troupe de gens, dit-il, faifant mé
» tier de renoncer à tous parens,
» toute patrie, & de courir de ville
» en ville jouant la Comédie pour d
» l'argent tous les jours indiftincte
» ment devant des gens que le défœu
» vrement, la diffipation & le hazard
» y conduifent. Ces Comédiens ne
» jouaffent-ils d'abord que des piéces
» les plus épurées, entraîneront né
» ceffairement avec eux le défor-
» dre, la licence & le relâchement
» des mœurs qui regne toujours au
» milieu de la multitude. Envain les
» Souverains rendront des Edits en
» leur faveur, ils n'en profiteront pas. »

Mais on peut affurer à M. *Rabelleau*
que quand fon projet feroit exécuta-
ble, le Théatre n'en feroit pas moins
nuifible aux mœurs. Il feroit toujours
queftion d'y amufer la multitude des
défœuvrés, ainfi la caufe premiere de
la corruption des Spectacles fublifte-
roit.

Les Poëtes Dramatiques, comme

l'observe M. *Garnier* (1), ne veulent point travailler sans succès. « Ils sça- » vent que l'accueil de leurs Drames » dépend du suffrage de jeunes fem- » mes, ou de jeunes gens inappliqués, » qui n'accourent au Théatre que pour » se procurer des sensations agréables. » Les choses sérieuses leur paroî- » troient froides, & les vérités fortes » les écraseroient. »

Jean Racine étoit bien capable de se mettre au-dessus des idées de son siecle, & de ne travailler que dans un goût qui pût lui mériter dans tous les temps l'approbation des sages. Néanmoins il eut pendant plusieurs années la foiblesse de vouloir plaire aux personnes futiles. On sçait la réponse qu'il fit au célebre *Arnaud* qui lui faisoit des reproches sur ce qu'il avoit fait *Hypolite* amoureux. *Eh ! Monsieur*, lui dit Racine, *sans cela qu'auroient dit nos petits maîtres ?*

Voilà pourquoi nous voyons nos Poëtes Dramatiques mettre en usage toutes les ressources de leur génie,

(1) Dans son Traité de l'éducation civile.

pour retracer aux Spectateurs les momens les plus agréables de leur vie
licencieuſe. « On aime, dit M. *Gar-*
nier (1) à ſe retrouver dans leurs pein-
» tures, à comparer ce qu'on a quel-
» quefois ſenti au dedans de ſoi-mê-
» me. On ſe livre aux impreſſions que
» la magie Dramatique fait éprouver.
» On apprend par cœur les poëmes,
» on dreſſe des Théatres, & on de-
» vient des Comédiens. Ainſi ce qu'un
» Auteur ſatyrique diſoit d'un Peuple,
» s'eſt réaliſé de nos jours, *Natio co-*
» *mœda eſt.* »

Cette réflexion de M. *Garnier* n'eſt
que trop véritable. La paſſion pour
les repréſentations Dramatiques n'eſt-
elle pas portée juſqu'au point qu'une
ſalle de Théatre eſt preſque devenue
comme un beſoin, au moins à la cam-
pagne ? « Cette ſorte d'amuſement,
» dit M. l'abbé *Clément* (2), eſt un
» nouvel artifice mis à la mode dans
» notre ſiecle, ſans doute, pour arra-
» cher tout-à-fait un reſte de répu-

(1) Dans ſon Traité de l'éducation civile.
(2) Dans ſon Sermon ſur les Spectacles.

» gnance

» gnance qu'on avoit jusqu'à présent
» conservé pour le Théatre & ses
» Acteurs ; mais surtout infaillible
» moyen de rendre la séduction plus
» certaine encore & plus prompte ,
» en imprimant plus fortement des
» passions dans lesquelles on est obligé
» de mieux entrer, pour les représen-
» ter soi-même, en donnant plus de
» liberté & de hardiesse à parler le
» langage de la volupté, en mettant
» dans l'occasion la plus prochaine
» d'inspirer & de prendre des senti-
» mens, mieux réglés peut-être dans
» leur objet, mais aussi déréglés dans
» leur principe , & communément
» plus dangéreux dans leurs suites ;
» désordre qui fut déploré par des
» Sages du Paganisme, comme le pré-
» sage le plus certain de la prochaine
» & de l'entiere décadence. »

Tout projet de réformation de nos Spectacles sera toujours sans effet dans des tems où il n'y a que les objets licencieux qui enchantent & qui séduisent. Le caractere du siecle où nous vivons est suffisamment établi par la témérité avec laquelle on offre au Public les Ouvrages les plus scanda-leux & les plus impies. En voici un de cette espece sur la matiere des Specta-cles. C'est un arsenal d'impiété, *armentarium impietatis*. Il a pour titre :

LE MIMOGRAPHE, ou idées d'une honnête femme pour la réformation du Théatre national. *Amsterdam*, 1770.

C'est une espece de Roman Episto-laire, dont le principal personnage est une Comédienne. Cet Ouvrage est aussi ridicule, bizarre & ennuyeux dans sa contexture & dans son néo-logisme, que monstrueux par la licen-ce des idées, & par leur contradiction. C'est enfin un Ouvrage digne de cette foule d'Ecrivains obscurs, qui ne pou-vant s'illustrer par l'éclat des talens, tentent de se faire une réputation par la licence de leurs Ecrits.

L'Avertissement préliminaire est terminé par cette proposition ex-traite de l'*Apologie de la Religion*, par M. l'Abbé *Bergier* : « L'expé-» rience nous apprend qu'il faut des

» Spectacles pour attacher le peuple.
» Une religion dépouillée de tout
» culte extérieur, ne peut ni l'affec-
» ter ni l'inftruire. Les Proteftans ne
» s'apperçoivent que trop aujourd'hui
» des inconvéniens d'un culte trop
» décharné ».

Cette propofition eft relative à la néceffité d'établir un culte extérieur *, qui foit l'expreffion & l'image d'un culte intérieur digne du Chriftianif-me, « qui eft une religion véritable, » chafte, févere, ennemie des fens, & » uniquement attachée aux biens in-» vifibles (1) ».

Mais le *Mimographe* ofe abufer de la propofition de M. *Bergier*, jufqu'à en faire un principe pour établir la néceffité d'avoir des Spectacles vo-luptueux, comme fi nous étions dans l'idolâtrie « qui, dit M. *Boffuet* (2), » étant faite pour le plaifir, faifoit con-

---

* Cum tanto ceremoniarum apparatu cele-brat Ecclefia divinum Officium ut excitetur efficaciùs chriftiana Plebs ad Dei cultum. *Inftit. Cathol. Part.* 3, *fect.* 2, *cap.* 6.

(1) M. *Boffuet*, Difc. fur l'Hift. Univ.
(2) *Ibid.*   S f ij

» ſiſter une partie du culte divin dans
» les divertiſſemens, les Spectacles, &
» dont les fêtes étoient des jeux d'où
» l'on avoit ſoin de bannir la pudeur ».

Le *Mimograghe* confondant les Miniſtres de notre Religion avec les
Prêtres des Idoles, les compare à des
Comédiens. Il déclame contre le privilége que l'ordre du Clergé a toujours eu d'occuper dans l'Etat le premier rang. Il attribue les Cenſures de
l'Egliſe contre les Spectacles, à une
jalouſie des Prêtres *qui,* dit-il, page
369, *ne devoient pas laiſſer partager
le droit de repréſenter qui leur appartient éminemment dans tous les temps,
& dans tous les cultes.*

On ſçait que l'autorité des Rois eſt
une participation de l'autorité de
Dieu, de même que celle de leurs
Miniſtres politiques & judiciaires eſt
un écoulement de l'autorité Royale.
On ſçait auſſi que le miniſtere ſacer-
dotal eſt un moyen choiſi de Dieu,
pour tranſmettre ſon autorité à l'E-
gliſe, pour être le canal de ſes graces, & pour lui porter nos vœux, nos
prieres & nos ſacrifices.

Ces principes inconteſtables & précieux à conſerver dans toute leur intégrité pour le bonheur des peuples,
ſont niés & inſultés dans le *Mimographe* pages 362 & 365. On y donne
comme des établiſſemens odieux le
Sacerdoce & la Royauté. L'Ecriture
Sainte y eſt profanée & tournée en
ridicule.

Eſt - il étonnant que l'autorité
Royale , & les dépoſitaires de la
puiſſance Eccléſiaſtique ſoient inſultés
dans des Ouvrages qui méritent d'é-
prouver la ſévérité des Loix (1)? La
cauſe des Théatres ne peut certainement que paroître encore plus mau-

(1) Cette ſévérité a ſouvent été reclamée
par les premiers Magiſtrats, chargés d'acquit-
ter le Roi de ſes devoirs d'*Evêque extérieur de
ſes Etats* , comme S. *Remi* appelloit *Clovis*. On
en trouvera des preuves récentes à la fin de ce
Livre dans des extraits de deux Réquiſitoires
de Meſſieurs *Joli de Fleuri & Seguier* , Avocats
Généraux du Parlement de Paris. Ce ſont des
témoignages qui manifeſtent le zele des Magiſtrats à protéger & à venger, au nom du Roi,
les Loix fondamentales de la Religion & des
mœurs. *Tutores ſumus vetuſtatis & vindices* ,
diſoit l'Empereur *Juſtinien.*

vaiſe à des gens ſenſés quand ils voient ſes défenſeurs donner dans des excès auſſi odieux. C'eſt pour cette raiſon qu'on a cité quelques-unes des aſſertions de ce *Mimographe*.

Il n'eſt pas ſurprenant que cet Auteur y déclare, page 311, avoir été révolté par tous les Ecrits faits contre les Spectacles ; auſſi, en conſéquence traite-t-il d'*interpretes atrabilaires de la Religion* M. *Nicole*, M. *Boſſuet*, le P. le *Brun*, M. l'abbé *Clément*, M. *Greſſet*, &c. &c. Cependant il convient [page 373, qu'*un Chrétien ne peut ſe diſſimuler que la repréſentation d'Athalie & de Polyeucte eſt viciée ſur les Théatres actuels, & qu'en condamnant les Spectacles, le Chrétien raiſonne conſéquemment.*

Le projet de réformation qu'il propoſe ne rend pas les Théatres plus conciliables avec la Morale chrétienne. Il trouve impraticable la ſévérité de celui de *Riccoboni*. Il voudroit, comme M. *Rabelleau*, que nous fuſſions tous des Comédiens. Et quant aux Pieces Dramatiques, après en avoir exclu quelques-unes comme licencieufes, il revient à les tolérer pour donner, dit-il, aux peres & meres de famille le moyen de connoître le cœur humain, d'autant plus que felon lui, les peintures de l'amour ne font pas dangéreufes.

Cette doctrine épicurienne eft réellement celle de nos Théatres. Et on l'adopte plus ou moins en les fréquentant. On peut s'en procurer la preuve dans le Poëme des Saifons que M. de *Saint-Lambert* donna en 1769. On y trouve la defcription la plus naïve de tous nos Spectacles. Ils paroiffent avoir été peints d'après nature. Il y a même lieu de croire que M. de *S.-L.* tenoit le pinceau dans le moment de l'ivreffe de leur féduction. C'eft fans doute cette féduction qu'il a voulu exprimer, lorfqu'il dit dans le quatrieme chant :

Les Mufes, les amours unis pour me féduire
M'enlevent à l'inftant dans un monde enchanté,
Où tout vante, refpire, & peint la volupté.

. . . .

Ô Speĉacles divins, Ecoles reſpeĉables,
Du véritable honneur, des vertus véritables !

. . . .

Ils nous ont délivrés des gothiques uſages,
Des antiques travers, du vernis des vieux âges.
Ils corrigent en nous ces défauts, ces erreurs,
Qui pourroient altérer les charmes de nos mœurs.
Quels ſons harmonieux, quels tableaux raviſſans !
Tous les arts à la fois ſéduiſent tous mes ſens.

L'Auteur ſe reſſentoit encore de ce funeſte enchantement, lorſque dans des notes de ſon poëme [pages 86 & 168, &c.] il ſoutient que les Speĉacles tels qu'il les a peints, font *une véritable école où l'on reçoit des leçons de vertu, où l'on apprend la ſaine Philoſophie, & les vérités d'uſage, qu'il faudroit ériger des Statues aux inventeurs de ces plaiſirs qui font jouir tout à la fois tous nos ſens ; & qu'on doit dire avec Bernier, que la privation d'un ſeul plaiſir innocent eſt un grand péché.*

Il faut préſumer que M. de S.-L. n'a fait que prêter ſon génie poëtique à cette morale ſenſuelle, & que de cœur il tient à la Philoſophie de

Despreaux, dont on va citer ici quelques vers pour faire opposition.

. . . . Le seul honneur solide
C'est de prendre toujours la vérité pour guide,
De regarder en tout la raison & la Loi.

. . . .

Et ce n'est qu'en Dieu seul qu'est l'honneur véri-
      table.   *Desp. Satyr.* 11.
Car qu'est-ce loin de Dieu que l'humaine sagesse ?
. . . . *Satyr.* 12.
Le faux est toujours fade, ennuyeux, languissant,
Rien n'est beau que par la vérité.

. . . .

C'est par elle qu'on plaît & qu'on peut long-
      temps plaire.   *Epît.* 9.
Que votre ame & vos mœurs peintes dans vos
      Ouvrages,
N'offrent jamais de vous que de nobles images.
. . . .

Un Auteur vertueux dans ses vers innocens
Ne corrompt point le cœur en chatouillant les
      sens.
Son feu n'allume point de criminelles flâmes ;
Aimez donc la vertu, nourrissez-en votre ame.
Envain l'esprit est plein d'une noble vigueur,
Le vers se sent toujours des bassesses du cœur.
                     Art Poët.

Jean Racine prêtoit l'oreille aux
               S f v

instructions de ce grand Poëte qui étoit pour lui

Un sage ami, toujours rigoureux, inflexible
Sur ses fautes jamais ne le laissant paisible.

En voici une preuve. *Jean Racine* avoit eu la foiblesse de composer en faveur des Théatres une Lettre où il avoit mis toute la chaleur d'un Poëte intéressé à défendre l'honneur de ses lauriers. *Despreaux* à qui il l'avoit communiquée, lui fit cette réponse : *Votre Lettre est très-bien écrite, mais vous défendez une très-mauvaise cause.* *Racine* reconnut qu'il est d'une belle ame de ne jamais compromettre sa réputation par aucun Ecrit dangéreux, *negligere quid de se homines [vel præsentes, vel posteri] sentiant dissoluti animi est. Cicer. de Off.* Et nonobstant toute l'ardeur de son ressentiment contre les Moralistes qu'il avoit alors pour adversaires, il déchira sa Lettre en présence de *Despréaux*.

Tel auroit été le sort de toutes les apologies des Spectacles, si leurs Auteurs avoient sincérement consulté des gens de Lettres qui eussent une

teinte de ce qu'on appelle préfente-
ment *le vernis des vieux âges*, c'eſt-à-
dire, un jugement ſain, un reſpect
pour les Loix divines & humaines, en
un mot, du zèle pour les mœurs.

Toutes ces apologies ne ſont établies que ſur la coutume & l'amour
du plaiſir. Tout l'art de leurs Auteurs ne conſiſte qu'à éblouir par des
ſubtilités & des ſophiſmes. On ſait
que l'erreur n'a pas d'autres armes
à employer. Il n'en eſt pas de même
des Ecrits qui combattent le Théatre.
Ils ſont fondés ſur la raiſon, ſur l'intérêt des bonnes mœurs, & ſur la Religion, trois ſources d'argumens invincibles. Ne pourroit-on pas encore citer en preuve le témoignage
intérieur d'un grand nombre de ceux
qui fréquentent les Spectacles ? On en
voit qui ont aſſez de bonne foi pour
ſe condamner eux-mêmes, plutôt que
la vérité, & qui diſent ingénuement :
je déſapprouve ce que j'ai la foibleſſe
de me permettre :

. . . . . . *Video meliora, proboque,*
Deteriora ſequor . . . . . .

Enfin, concluons, le Spectacle tel qu'il eſt, dit M. *le Franc* (1), n'étant pas à beaucoup près un lieu ſûr pour la ſageſſe & pour la vertu; « & les » Acteurs de ce Spectacle étant tou- » jours dans les liens de l'excommu- » nication, un Auteur élevé dans la » Morale Chrétienne, ne ſçauroit, » ſous quelque prétexte que ce ſoit, » ni par quelqu'ouvrage que ce puiſſe » être, concourir au ſoutien du Théa- » tre, ſans ſe rendre lui-même reſpon- » ſable des inconvéniens & des abus » qui y ſont attachés, ni contribuer » à l'entretien des Acteurs, ſans par- » tager le mal qu'ils cauſent, & celui » qu'ils font.... On s'efforce depuis » long-temps de réduire en problême » Théologique cette queſtion: *ſi c'eſt* » *un péché d'aller à la Comédie.* On ne » manque pas d'appuyer la négative » de toutes les diſtinctions poſſibles, » de toutes les conditions capables de » raſſurer. On exige qu'il n'y ait rien

______
(1) De l'Académie Françoiſe, ancien Pré-ſident de la Cour des Aydes de Montauban. *Voyez* ſa Lettre à L. *Racine.*

» de deshonnête, ni de criminel
» dans la piece ; que celui qui va au
» Spectacle n'y apporte point de pen-
» chant au vice, ni une ame facile à
» émouvoir ; qu'il y soit maître de son
» cœur, de ses pensées, de ses regards ;
» que rien de ce qu'il entend, que rien
» de ce qu'il voit ne soit pour lui une
» occasion de chûte ni de tentation.
» Cette théorie est certainement admi-
» rable. Qui me répondra de la prati-
» que ? Sera-ce notre Casuiste ? Qu'il
» aille plutôt à la Comédie. Au retour,
» je m'en rapporte à lui. »

M. le *Franc* propose le défi avec
trop de confiance pour qu'il soit pru-
dent de l'accepter. Il faut donc conclure pour l'affirmative du problême.
M. de *Bussy Rabutin* en résolut un
autre de même genre, dans une Lettre qu'il écrivit à M. de *Roquette,*
Evêque d'Autun. Il y est question des
Bals. On sait qu'il avoit titre pour
avoir autorité consultative sur cette
matiere. Sa Lettre ne sera pas ici une
Piece disparate ; on va donc la rapporter. Elle se trouve dans le qua-

trieme tome du Recueil de ses Lettres, édition d'Amsterdam 1738.

De Chaseu ce 25 Juin 1677.

» J'ai lu, M. l'avis sur les Bals que
» vous m'avez envoyé; & puisque vous
» souhaitez de sçavoir ce que j'en pen-
» se, je vous dirai que je n'ai jamais
» douté qu'ils ne fussent très-dange-
» reux. Ce n'a pas été seulement ma
» raison qui me l'a fait croire, ç'a
» encore été mon expérience; & quoi-
» que le témoignage des Peres de l'E-
» glise soit bien fort, je tiens que sur
» ce chapitre celui d'un courtisan sin-
» cere doit être d'un plus grand poids.
» Je sçai bien qu'il y a des gens qui
» courent moins de hazard en ces
» lieux là que d'autres, cependant les
» tempéramens les plus froids s'y ré-
» chaufent, & ceux qui sont assez
» glacés pour n'y être point émus, n'y
» ayant aucun plaisir, n'y vont point.
» Ainsi il n'est pas nécessaire de les
» leur défendre; ils se les défendent
» assez eux-mêmes. Quand on n'y a
» point de plaisir, les soins de sa pa-
» rure & les veilles en rebutent; &

» quand on y a du plaifir, il eſt cer-
» tain qu'on court grand hazard d'y
» offenſer Dieu. Ce ne ſont d'ordi-
» naire que de jeunes gens qui côm-
» poſent ces aſſemblées, leſquels ont
» aſſez de peine à réſiſter aux tenta-
» tions dans la ſolitude, à plus forte
» raiſon dans ces lieux-là, où les beaux
» objets, les flambeaux, les violons,
» & l'agitation de la danſe échauffe-
» roient des Anachoretes. Les vieilles
» gens qui pourroient ſe trouver dans
» les Bals ſans intéreſſer leur conſcien-
» ce, feroient ridicules d'y aller ; &
» les jeunes à qui la bienféance le per-
» mettroit, ne le pourroient pas ſans
» s'expoſer à de trop grands périls.
» Ainſi je tiens qu'il ne faut point al-
» ler au Bal quand on eſt Chrétien, &
» je crois que les Directeurs feroient
» leur devoir, s'ils exigeoient de ceux
» dont ils gouvernent les conſciences,
» qu'ils n'y allaſſent jamais. »

On peut joindre à ce témoignage la
peinture ſuivante que M. de *S.-L.* a
faite des Bals dans ſon Poëme des Sai-
ſons, mais avec une intention bien dif-

férente de celle de M. *de Buſſy Rabutin.*
Celui-ci nous dit avec une ſincérité
admirable *fugite hæc,* fuyez la coupe
empoiſonnée de *Circé,* au lieu que M.
de *S.-L.* nous dit *accurrite,* accourez.

	..... Le bal va s'ouvrir chez Hébé, chez Alcine,
	L'or & l'émail des fleurs, les perles & l'hermine
	De la foule élégante orne les vêtemens.
	L'incarnat des rubis, le feu des diamans
	 Répandent un jour doux ſur les charmes des
			belles,
	Et les yeux avertis vont ſe fixer ſur elles.
	Le déſir de tout vaincre, & l'eſpoir du ſuccès
	Brillent modeſtement dans leurs yeux ſatisfaits.
	Le feu de leurs regards s'anime avec la danſe
	L'amour ſans ſe montrer fait ſentir ſa préſence,
	Et plein d'un ſentiment vif & délicieux
	Chacun ſent le plaiſir qu'il voit dans les yeux.

	. . . .

	. . . . A la mélancolie
	Oppoſez, s'il le faut, les jeux de la folie
	Oppoſez des excès, hâtez-vous de ſaiſir
	Un ſeul inſtant de joie, un moment de plaiſir.
	Entrez dans ces ſallons, où de brillans Protées
	Changent en riant leurs formes empruntées,
	Où la nuit, le tumulte, & les maſques trompeurs
	Font naître à chaque inſtant d'agréables erreurs.

	. . . .

Là le maintien décent, la froide retenue,
Là les sexes, les rangs ; les âges confondus
Suivent en se jouant la folie & Momus.

Il paroît que M. de *S.-L.* ne s'étoit pas muni d'antidote contre le venin de la coupe qu'il nous présente. Il loue la danse par les effets pour lesquels *Ciceron* (1) l'attribuoit à une espece de délire. Et, selon *Æmilius Probus*, les Romains vertueux rejettoient l'usage de la danse, comme un vice qui réveille & fortifie une passion dont le sentiment inévitable est à combattre, dont le souvenir est incommode & fâcheux, la modération difficile, la tentation violente & l'attachement criminel, *scimus saltare etiam in vitiis poni* (2).

Suivons donc les sages conseils de M. de *Bussy Rabutin.* Ils sont fondés

(1) Nemo saltat ferè sobrius, nisi fortè insanit. *Orat. pro Mur.*

(2) La danse en général n'est pas en elle-même un vice. Mais elle est devenue pernicieuse, parce qu'on l'a éloignée de la noblesse de son origine. Elle fut d'abord l'expression de l'enthousiasme des sentimens, soit de reconnoissance envers Dieu, soit d'une joie légitime. Enfin on en fit un exercice propre à former le corps & à donner à toute la personne, ce que M. *Rollin* appelle *une certaine politesse d'extérieur.* Omnia majorum institutis judicentur, *Corn. Nep.*

ſur des principes qui peuvent en général s'appliquer à tout ce qui eſt inventé dans les grandes villes pour
amuſer la multitude des Citoyens
oiſifs, faſtueux, vains, légers & voluptueux. Tout divertiſſement qui
occupe leurs paſſions, eſt certainement conforme à leur goût dépravé.

Tel eſt, par exemple, le caractere
de ces nouvelles promenades changées en Comédies publiques, où l'on
ſe diſpoſe comme pour le Bal, où l'on
apporte le même eſprit, le même luxe,
où chacun, Acteur & Spectateur tout à
la fois, vient jouer ſon rôle & faire ſon
perſonnage : tel eſt enfin le caractere
de ces fêtes foraines qu'on a vu depuis
peu s'introduire en France, & qui portent le nom Anglois de *Waux-Hall*.

L'enthouſiaſme épidémique pour
les Anglois nous a fait adopter avec
fureur tout ce qui ſort de leur Iſle,
leurs mœurs, leur licence, leur eſprit,
de murmure, leurs uſages, leurs modes. « Il ne nous reſtoit plus, dit un
» Auteur (1), qu'à conſacrer un Tem-

(1) M. *Linguet* dans ſes Lettres ſur la Théorie
des Loix civiles.

» ple dans notre Capitale au Directeur
» des voluptés de Londres. M. *Hall* a
» eu dans Paris un sanctuaire dédié
» sous le nom barbare de *Waux-Hall.* »

Voici l'idée que M. de *Querlon* nous
a donnée de ce nouveau Spectacle,
« c'est d'abord un *rendez-vous* que l'on
» donne à la jeunesse des deux sexes
» passionnée pour la danse où elle
» exerce ses talens, & sert publique-
» ment de Spectacle. C'est ensuite un
» lieu de ralliement où l'on vient de
» toutes parts se chercher en foule
» pour jouir du plaisir de voir & d'être
» vu, de se montrer & d'observer (1). »

M. de *Querlon* nous laisse à conclure
que dans ce *rendez-vous* & ce *ralliement*, les sens doivent se trouver as-
siégés par tout ce qu'on leur y présente de voluptueux. La modestie &
la retenue y seroient nécessairement
un ridicule & un objet de raillerie.
Enfin la raison doit y être d'une défense d'autant plus foible, qu'on y a
encore plus que dans les autres Spec-

(1) Dans ses feuilles hebdom. des Prov. de
l'année 1769.

tacles, la facilité de se communiquer ses mauvais desirs, & de s'en ménager l'exécution. Quel est donc l'aveuglement des parens qui vont y donner en spectacle leurs enfans en les faisant servir comme des farceurs à l'amusement du Public !

Telles sont les influences des Spectacles sur le caractere national, comme l'a observé M. de *Querlon*, toujours intéressant, judicieux & énergique dans ses notices périodiques. « Les » Spectacles, dit-il, ont répandu » un esprit de frivolité dans tous les » Etats dont aucun âge n'est exempt, » ils remplissent l'imagination d'idées » fausses & superficielles, qui ne font » que des turlupins. Ils ont enfin in» troduit des licences & des ridicules » dans les mœurs (1).

N'en résulte-t-il pas aussi des influences sur le physique : « La volup» té, dit *Plutarque* par l'organe d'*A» myot*, son Traducteur, dissout les » corps, les amollissant de jour à autre » par délices, dont l'usage fauche le

(1) 12ᵉ Feuille hebdom. de 1769.

» cœur, éteignant les forces telle-
» ment que les foibleffes & maladies
» viennent en foule, & dès la jeuneffe
» on commence à faire apprentiffage
» des infirmités de la vieilleffe. »

C'eft fans doute par dépit contre
la corruption & la molleffe actuelle
de nos mœurs, que M. *Darnaud* dans
fa Lettre fur fa Tragédie d'*Euphémie*,
regrette l'ancien efprit de chevalerie,
parce que, dit-il, *il enfloit le courage
en fe figurant fans ceffe des Paladins à
combattre.*

Mais cette vertu étoit bien chimé-
rique. Auffi fur la fin du feizieme fiecle, on voulut en infpirer une qui fût
plus réelle & plus utile dans les objets, & l'on prétend que ce qui y con-
tribua le plus, fut la traduction des vies
des Hommes illuftres de *Plutarque*.
Elle fe répandit dans la nobleffe &
dans le peuple, de maniere que cet
Ouvrage devint le Livre de la Nation.
« Nous étions perdus, dit *Montaigne*,
» fi ce Livre ne nous eût relevé du
» bourbier. Sa merci nous ofons à
» cette heure parler & écrire. Les

» Dames en régentent les maîtres d'é-
» cole. C'eſt notre breviaire (1). »

Henri IV trouvant un jour *Neufvy* attaché à la lecture de *Tacite*. « Quit-
» tez, lui dit ce Monarque, cette lec-
» ture, & liſez de préférence dans *Plu-*
» *tarque* l'hiſtoire des Capitaines vos
» pareils (2). »

Ces hommes fameux dont le carac-
tere, commun à tous les Payens, fut de s'aimer juſqu'à mépriſer Dieu, *amor ſui uſque ad contemptum Dei* (3) , ne te-noient pas moins de l'Auteur de tout bien toutes leurs belles qualités. Dieu les en avoit enrichis, non pour les rendre heureux, mais pour les faire ſer-vir, ſuivant l'exécution de ſa volonté éternelle, à l'ornement de leur ſiecle, comme les étoiles ſervent à la décora-tion de l'univers (4) ; & ils n'ont eu que la vaine récompenſe qu'ils avoient

(1) Eſſ. de *Mont.* Liv. 2 , Chap. 4.
(2) Hiſtoire ſecrette de *Daubigné.*
(3) S. Aug.
(4) *Vani vanam mercedem receperunt.*
Ex eis [reprobis] ordinem ſæculi præſentis exornat Deus. S. Aug. cont. Julian.

desirée, c'est-à-dire, une gloire tem-
porelle « qui, dit M. *Bossuet* (1), ne
» vient pas jusqu'à eux. Elle s'efforce
» peut-être de s'attacher à leurs mé-
» dailles, à leurs statues déterrées, res-
» tes des ans & des barbares, aux rui-
» nes de leurs monumens & de leurs
» Ouvrages, qui disputent avec le
» temps, ou plutôt à leur idée, à leur
» ombre, & à ce qu'on appelle leur
» nom. » Mais faut-il que ce soit ces
hommes vains qui donnent des leçons
de sagesse, de courage & de patrio-
tisme dans des temps où toutes ces
vertus devroient nécessairement être
produites par l'esprit du Christianisme, dont le caractere essentiel, opposé à celui du Paganisme, est d'aimer Dieu jusqu'à se mépriser soi-même, *amor Dei usque ad contemptum
sui* (2). Principe si fécond pour faire
remplir noblement, généreusement
& utilement tous devoirs envers Dieu
& envers les hommes? Un Chrétien

(1) Dans l'Oraison funebre de *Louis de
Bourbon*, Prince de Condé.
(2) S. Aug.

[dont *le deſir dominant eſt d'être dégagé des liens du corps & d'être avec Jeſus-Chriſt* (1)] met le plus grand héroïſme dans toute ſa conduite. Qu'on ait une armée compoſée de pareils combattans, on aura autant de *Machabées* qui, pour plaire, non aux hommes mais à Dieu, ſe diront l'un à l'autre : *Il vaut mieux mourir à la guerre que de voir périr notre pays. A Dieu ne plaiſe que nous fuïons devant l'ennemi : ſi notre heure de mourir eſt arrivée, mourons en gens de cœur pour nos freres, & ne mettons point de tache à notre gloire* (2). Voilà ce qu'on doit attendre de la Religion Chrétienne » qui, comme » le dit M, *Seguier* (3), tend à réunir

(1) *Deſiderium habens diſſolvi & eſſe cum Chriſto.* Ep. S. Paul ad Philip.

(2) *M liùs eſt mori in bello quàm videre mala gentis noſtræ & ſanctorum.* .... *Abſit rem iſtam facere ut fugiamus ab eis. Et ſi appropinquavit tempus noſtrum, moriamur in virtute propter fratres noſtros, & non inferamus crimen gloriæ noſtræ.* Machab. Lib. 1, c. 3. v. 59, & c. 9. v. 10.

(3) Dans ſon Réquiſitoire du 18 Août 1770, dont il ſera rapporté un Extrait à la fin de ce Livre.

» tout

» tout dans la Société, fans y rien
» confondre, & qui fait du travail,
» de la fidélité, du courage & de l'o-
» béiſſance aux Loix, autant de droits
» aux récompenſes de la vie future. »

On a donc attribué aux Œuvres de *Plutarque* l'honneur d'avoir contribué à réformer les François du ſeizieme ſiecle (1). « On penſa, dit M. *Groſ-* » *lai*, on fit des efforts pour agir à la » Grecque & à la Romaine. Et la » France vit des hommes qui, enviſa- » geant la poſtérité, ſe flatterent de » l'intéreſſer à leur mémoire. L'Epée » eut ſes *Montmorency*, ſes *Dubellai*, » ſes *Chatillon*, ſes *Montluc*, ſes *La-* » *noue*, ſes *Caſtelnau*, & l'élite de ces » Guerriers, dont, à l'imitation de » *Plutarque*, *Brantome* a raſſemblé les » faits & dits mémorables. La Ma- » giſtrature eut les l'*Hopital*, les *Harlai*, » les *de Thou*, les *Pibrac*, les *Pithou*, les » *Servins*. La Finance elle-même eut » un *Sulli*. *Agere memoratu digna mag. s* » *pronum magiſque in aperto erat* *. »

(1) Dans un Ouvrage intéreſſant intitulé, *Londres*, qui a paru en 1770. * *Tacit. V. Agr.*

T t

La plupart de ces grands hommes nous ont laiſſé de bons Ouvrages où l'on trouve les motifs nobles qui les dirigeoient, & qui les ſoutenoient, *dicebantur eo animo ingenioque à quo geſta erant* [Tit. Liv.] « J'ai, diſoit » l'Amiral de *Coligni*, le cœur aſſis » en aſſez bon lieu pour le pouvoir » défendre comme il appartient à tout » homme d'honneur & de bien, & » pour pouvoir en répondre à chacun » ſuivant ſa qualité. »

Mais il eſt rare de voir la force des mœurs publiques tourner en habitude les actions mémorables, c'eſt un phénomene qui n'eſt pas de longue durée. *Peu ſouvent*, dit Plutarque, *advient que les natures graves de ces hommes peu communs plaiſent à la multitude, & ſoient agreables à une commune* (1).

C'eſt aux ſiecles vertueux qu'il faut remonter pour apprendre à connoître la vertu, *ideò virtutes iiſdem ferè temporibus æſtimantur quibus facillimè gignuntur* [Tacit. V. Agr.] Notre ſiecle,

(1) Dans le parallele de *Cicéron* & de *Lucullus.*

dit-on, eſt le ſiecle de la Philoſophie
& de la vertu. « C'eſt aux effets, dit
» M. le *Franc de Pompignan* (1), & non
» pas aux diſcours à le prouver. Pour-
» quoi donc les crimes atroces devien-
» nent-ils plus communs ? Qu'on par-
» courre les regiſtres de nos Parle-
» mens, ſurtout les Arrêts imprimés
» de la Tournelle de Paris, on y verra
» que des forfaits inconnus aux pre-
» miers Légiſlateurs, que des meur-
» tres horribles qui auroient ſoulevé
» des nations entieres ſont fréquens
» aujourd'hui dans différentes provin-
» ces du Royaume le plus policé de
» la terre. A quoi les attribuer ? Se-
» roit-ce à l'impunité ? Jamais la Juſ-
» tice ne fut ſi prompte ni ſi ſévere
» à Paris. Seroit-ce à la férocité des
» mœurs ? Les François n'en ſont pas
» accuſés. On ne parle au contraire
» & dans les converſations & dans les
» Ecrits, que de mœurs douces, de
» paſſions douces, de cœurs honnêtes,

(1) Dans ſes Obſerv. ſur les *Euménides*, page 504 de ſa traduct. des Tragédies d'*Eſchyle*.

» d'esprits honnêtes, d'ames honnêtes,
» de créatures honnêtes. Mais si cette
» douceur, cette honnêteté tant rebat-
» tues ne font que des mots vagues,
» des expreffions parafites qui ne figni-
» fient rien à force d'être répétées fans
» ceffe, employées par-tout, appliquées
» à tout. Si par malheur, & dans la réa-
» lité, les mœurs publiques font cor-
» rompues, les mœurs particulieres
» déteftables, les notions du bien & du
» mal changées; la Religion tournée
» en ridicule ; la nature traitée de
» chimere, on n'a plus à chercher la
» caufe de tant de forfaits multipliés,
» on la reconnoît dans fes effets. »

On ne doit l'attribuer qu'à *l'anarchie morale* introduite par la licence des
incrédules modernes, qui attaquent
ouvertement la Religion & les mœurs,
& qui puifent dans leur impiété la
fureur & l'impudence que leurs Ecrits
refpirent:

. . . *Iram atque animos à crimine fumunt.*

Omne in præcipiti vitium eft. . . . . .

. . . . . *Sævius armis*
Luxuria incubuit . . . .

Nullum crimen abeſt facinuſque libidinis.
Atque utinam ritus veteres & publica ſaltem
His intacta malis agerentur ſacra !

Juven. Lib. 2. Sat. 6.

Ces vers ne peignent que trop bien notre ſiecle. *In re apertâ non eſt quod diutiùs memorare debeam.*

RÉTRACTATION

Du Pere CAFFARO.

Nota. **M.** l'Abbé *Meuſy* obſerve avec raiſon dans le ſecond tome du *Code de la Religion & des Mœurs* , page 383 , que l'Auteur de l'Ouvrage intitulé : *Querelles Littéraires* [M. l'Abbé *Irailh* , Chanoine de Moniſtrol] dont il a été ci-devant parlé pag. 499, *auroit dû y dire quelque choſe de la rétractation du Pere Caffaro.* Mais que pouvoit en dire M. l'Abbé *Irailh* , après avoir loué le Pere *Caffaro* d'avoir fait l'apologie des Théatres , & l'avoir appellé pour cette raiſon un *Religieux Philoſophe ?* [tom. 2 , des Querelles Littéraires]. Néanmoins il a hazardé ces mots : *L'Archevêque de Paris,* Noailles *, exigea du Pere* Caffaro *une rétractation authentique.* M. *Irailh* laiſſe à douter ſi elle a eu lieu. Il paroît qu'il ne

q

s'eſt pas intéreſſé a s'inſtruire du fait. Cependant, comme Hiſtorien, il y étoit obligé. Il auroit appris que le Pere *Caffaro* ne
fit que ſuivre l'inſpiration de ſa conſcience
en donnant ſa rétraction, & qu'ayant
ſatisfait à ce devoir le 11 Mai 1694, c'étoit
M. *de Harlai* qui étoit alors Archevêque de
Paris, & non M. de *Noailles*, qui ne lui
ſuccéda qu'au mois d'Août 1695. M. *Irailh*
paroît ſi attaché à l'erreur retractée par le
Pere *Caffaro*, qu'il a oſé avancer dans le
même Tome page 395, que *ſi* Racine *&*
Quinault, *euſſent dépoſé leurs ſcrupules dans
le ſein d'un Caſuiſte tel que le Pere* Cafaro,
ils n'euſſent jamais abandonné le Théatre. M.
l'Abbé *Irailh* auroit dû plutôt conclure que
ces deux Poëtes célebres auroient eu le plus
grand mépris pour un Caſuiſte qui auroit
voulu les détourner de leur juſte repentir.
Mais on a beaucoup d'autres erreurs à reprocher à l'Ouvrage intitulé : *Querelles Littéraires.* Elles ont été relevées dans un Recueil
de neuf Lettres imprimées, dont huit ſont
de M. l'Abbé *Baral*, & une eſt de D. *Clémencet*,
Bénédictin. Celle-ci commence à la pa-
ge 42. Il eſt parlé de ces Lettres dans l'hiſtoire Littéraire de la Congrégation de Saint
Maur, que Dom *Taſſin* a donnée en 1770,
& qui eſt auſſi intéreſſante pour la Littérature, qu'honorable pour cette célebre
Congrégation.

Sunt clari hodieque & qui olim nominabuntur.
Quint. Lib. 10, c. 11.

LETTRE

FRANÇOISE ET LATINE

Du Révérend Pere

FRANÇOIS CAFFARO, THÉATIN;

A MONSEIGNEUR

L'ARCHEVÊQUE DE PARIS*.

Imprimée à Paris en 1694. in-quarto,

A MONSEIGNEUR, *Monseigneur l'Archevêque de Paris, Duc & Pair de France, Commandeur des Ordres du Roi, Proviseur de la Maison de Sorbone, & Supérieur de celle de Navarre.*	ILLUSTRISSIMO Domino D. Archiepiscopo Parisiensi, Duci & Pari Franciæ, Regiorum Ordinum Commendatori, Sorbonæ Provisori, Regiæ Navarræ Superiori.

MONSEIGNEUR,

Je n'ai pû apprendre qu'on me croyoit dans le monde Auteur d'un Libelle fait en faveur de la Comédie,

Libelli cujusdam Gallicè ad Comædiæ defensionem compositi, & sic inscripti, Lettre d'un Théologien, &c.

* M. de Harlay.

Tt iv

meme vulgò authorem circumferri audire, ſimul & natam ex eo offenſionem noſſe non potui : Archipræſul illuſtriſſime, quin acri inde dolore percellerer, mihique tum ad Reipublicæ Chriſtianæ utilitatem, tum ad ſacri quo fungor muneris honorem cenſui incumbere, publicè, ut profiterer epiſtolam hanc non eſſe meam, meaſque in eâ partes eſſe nullas, eam, priuſquam ederetur, meam ad notitiam non pervenieſſe, & planè omnem quæ in me conjiceretur de eâ ſcriptâ ſuſpicionem, à meipſo jam repelli. Ab hác tamen demiſſâ, ut par eſt, confeſſione, me nolim immunem, quâ ipſe aperiam, quid cauſæ eſſe potuerit, cur ea mihi adſcriberetur, priſtinam meam de ipſius argumento ſententiam detegam, & hodiernam quaſi in prioris expiationem patefaciam. Facit hoc, Archipræſul Illuſtriſſi-

ſous le titre de *Lettre d'un Théologien, &c.* & voir en même tems le ſcandale qu'a donné cet Ouvrage, ſans en être ſenſiblement affligé ; & j'ai cru même qu'il étoit de mon devoir pour l'édification de l'Egliſe, & pour l'honneur de mon miniſtere, de déclarer publiquement que cette Lettre n'eſt point de moi, & que je n'y ai aucune part, que je n'en ai rien ſçu qu'après qu'elle a paru, & que je la déſavoue abſolument. Mais je ne puis me diſpenſer de reconnoitre humblement, comme je le dois, ce qui peut avoir donné lieu à me l'attribuer, d'avouer ingénuement les ſentimens que j'ai eu ſur ce qui en fait le ſujet, & de marquer en réparation, ceux où je ſuis ſur cela préſentement. C'eſt, Monſeigneur, ce qui me fait prendre la liberté d'écrire à Votre Grandeur, vous reconnoiſſant pour mon Juge-né & d'inſtitution divine en matiere de Doctrine, comme vous l'êtes auſſi de tout le Troupeau qui vous eſt confié, dont je me fais honneur d'être, & auquel le Saint-Eſprit vous a donné pour Paſteur, établi par Jesus-Christ même, & me tenant par cette raiſon obligé de faire

me, ut tuam ad Celſitudinem ſcribam, cùm te meum, ut & univerſi gregis tibi crediti, ex quo eſſe honcri duco, in doctrinâ Judicem jure divino natum, à Spiritu ſancto poſitum, & à Chriſto ipſo conſtitutum habeam, meque eo nomine obſtrictum ſentiam, ut hancce meæ mentis explicationem penes te deponam, quam ipſe, ſi tibi expedire videbitur publicam in lucem prodire jubeas.

cette déclaration de mes ſentimens entre vos mains, pour la rendre publique ſous votre autorité, ſi vous le jugez convenable.

Je fis, il y a douze ans, un écrit Latin ſur la Comédie, où, ſans avoir mûrement examiné la matiere, & par une légéreté de jeuneſſe, je prenois le parti de la juſtifier de la maniere que je me figurois qu'elle ſe repréſentoit à Paris, n'en ayant jamais vû aucune, & m'en fai-

Ab annis decem aut duodecim Latinum mihi in Comœdiam ſcriptum excidit, in quo, prævio non habito rei, de quâ agerem, maturo examine, juvenilis animi levitate elatus, ab illius vindicandæ partibus ſtabam, quo eam more Pariſiis haberi mihi finxeram, cum nulli unquam adfuiſſem, & ex alio-

rum relatione nonnunquam auditâ illius mihi in mentem effigiem induxi ssem puriorem. Et verò pudore suffusus non possum non fateri, quin epistolæ me inconsulto editæ capita & momenta, illa ipsa sint, quæ & meo in privato scripto haberentur; etsi duo hæc in quibusdam differant, ubi hoc habet Epistolæ Author quod ego non attigi, & aliâ ille ratione loquitur, quàm quâ meo sim in scripto usus : quemadmodum cum, in Comœdiæ patrocinium, tuum, Archipræsul Illustrissime, de eâ habendâ silentium temerè adducit, unde illam à te, tacito saltem consensu probari inferat, cui simile nihil meo in scripto præstiterim, in quo nequicquam dixerim quod tuam nominatim celsitudinem ullatenus spectare possit ; cujus quidem inter utrumque discriminis, eximius vir D. Pirot qui hoc non ita

sant, sur les rapports que j'en avois oui, une idée trop favorable, & je ne puis que je ne reconnoisse à ma confusion, que les principes & les preuves qui se trouvent dans la Lettre qui s'est donnée au Public sans ma participation, sont les mêmes que dans mon écrit particulier, quoiqu'il y ait quelques endroits de différens entre les deux, où l'Auteur de la Lettre dit ce que je ne dis pas, & parle autrement que je ne fais moi-même dans mon écrit, comme en ce qu'il apporte sans raison en faveur de la Comédie ; votre silence sur sa représentation, Monseigneur, pour en inférer un consentement & une approbation tacite de votre part ; ce que je n'ai point fait dans mon écrit, où je ne dis rien du tout qui

puisse regarder per-
sonnellement VOTRE
GRANDEUR, ainsi que
l'illustre M. Pirot, qui
l'a vu depuis peu par
votre ordre, vous en
peut rendre témoigna-
ge, aussi-bien que de
la différence d'expres
sion qu'il y a entre la
Lettre & mon écrit
au sujet des Rituels,
que la Lettre semble
traiter d'un air qui ne
marque pas d'assez
grands égards pour des
Livres aussi dignes de
respect que le sont des
Rituels, en parlant de

pridem jussu tuo explo-
ravit, fidem tibi facere
poterit ; non minus
quam & alterius, ri-
tualium, ut vocant, oc-
casione, quippe quæ ita
Epistola videtur excipe-
re, quasi minus iis exhi-
beret observantiæ, quam
ad hoc librorum genus
tantâ dignum reverentiâ
par esse possit, de quibus
sic illa loquitur, cer-
tains Rituels, cum meo
in scripto candidè tan-
tum ita habeam, non-
nulla Ritualia aliqua-
rum Diœceseum.

cette maniere, *certains Rituels,* au lieu que je
dis simplement dans mon écrit, *quelques Ri-*
tuels : Nonnulla Ritualia aliquarum Diœceseum.

Je ne puis discon-
venir qu'à comparer
la Lettre avec mon
écrit, il ne soit visible
qu'elle en est tirée
presque de mot à mot,
& que par - là ce que
j'ai fait avec précipi-
tation a donné mal-
heureusement, & con-
tre mon dessein, ou-
verture à cette Lettre.

Non est quòd negem,
quin, si semel Epistola
meo cum scripto confe-
ratur, ex hoc illa propè
ad verbum collecta, at-
que ita meo ex præcipiti
scripto, præter meam
mentem orta infeliciter
Epistola perspiciatur.
Scriptum meum num-
quam statui apud me
prælo mandandum ; ne-

T t vj

que verò accuratè adeò elaboratum illud erat, ut juris ipsum publici fieri contenderem. Quod in eo tractabam argumentum, mihi non sat erat exploratum; neque authorum, quos alterutram in partem afferebam testimonium satis compertum; imprimis verò quod ex Divo Carolo petebam, cujus in authoritate, perinde ac si meæ sententiæ suffragaretur, vim faciebam. Imò nequidem noveram quonam more Comœdia Parisiis daretur, cum comica Molieri Carmina nulla unquam, aliorum paucissima, nec attento animo, evolvissem, & aliundè unâ ex famâ Ritualium notitiam haberem, nec ipso etiam Parisiensi lecto. Hoc attentionis & recognitionis vitio contigit, ut meo in scripto, quod palam edere mihi nunquam fuit in animo, Comœdiæ causam agerem. Hujus me Consilii vehementer

Je n'ai jamais fait état d'imprimer mon écrit; Il n'étoit pas composé avec assez d'exactitude pour prétendre le rendre public; je ne m'étois pas assez instruit du sujet que j'y traitois, ni des autorités que j'apportois ou pour ou contre, entr'autres de celle de S. Charles dont je me faisois fort; je ne sçavois pas bien même ce que c'étoit que la Comédie Françoise, de la maniere qu'elle se joue à Paris, n'ayant jamais lû de Comédies de Moliere, & n'en ayant lû que fort peu d'autres, & sans application, n'ayant d'ailleurs qu'entendu parler des Rituels sur les Comédiens, sans avoir même lû celui de Paris. C'est ce manque d'attention & de réflexion qui m'avoit engagé à prendre dans mon écrit particulier, & que je n'ai jamais voulu rendre public la défenſe de la Comédie. J'en ai un très-grand regret, & il n'y a rien que je ne fiſſe volontiers pour réparer le ſcandale qui s'en eſt ſuivi , & que je ne prévoyois point. Il ne m'a pas été difficile de changer mon premier ſentiment ſur la Comédie , & de prendre celui où je ſuis préſentement. Je ſuis très-convaincu après avoir examiné la choſe à fonds, que les raiſons qu'on apporte d'un côté pour excuſer la Comédie ſont toutes frivoles, & que celles qu'a l'Egliſe au contraire ſont très-ſolides & inconteſtables, quand elle met les Comédiens au nombre de ceux à qui elle refuſe dans la maladie le Viatique, à moins qu'ils ne réparent le ſcandale qu'ils ont donné au public en renonçant à leur pro-

pœnitet ; nihilque non præſtarem lubens , quo ſubortum inde improviſum offendiculum amoveretur. Gravis non fuit operæ ut primæ vum meum de Comædiá ſenſum deponerem , & ejus loco alium caperem , quem deinceps ſequar. Re penitus excuſſâ mihi planè perſuaſum eſt quidquid alterâ ex parte ad Comædiam excuſatam habendam affertur, leve eſſe prorſus ac frivolum ; ſtabile verò & inconcuſſum quod è contrariò tenet Eccleſia , cum nimirum iis , quos in morbo à ſacro Viatico arcendos decernis ni vitæ ante aĉtæ inſtituto penitus abdicato impactam eo populis offenſionem eluant, Comædos annumerat, nec ad ſanctos Ordines , ſi quando eos ipſi poſtulent, ſuſcipiendos , vult admitti. Duo hæc ſunt præ cæteris de illis hominibus in Pariſienſi Rituum volumine, aliiſque per-

multis eatenus confonis, fancita capita. Huncce Ecclefiæ difciplinam, doctrinamque quâ leges hujufmodi nituntur toto animo, totâ obtemperatione amplector, eaque omnia fine ullâ exceptione fubfcriberem quæ tuo in Rituali habentur, cum quæ in Comædos quomodocunque incidunt, five eos rectâ fpectent, five ad ipfos oblique referantur, tum quæ aliud quid quodcunque fit, attingunt. Id equidem, Archipræful Illuftriffime, omni affeveratione tuæ Celfitudini religiosè confirmo, ad exequendum paratus quidquid Imperes, ut me fenfaque mea Reipublicæ Chriftianæ probem, & ei fiat fatis. Summâ fum reverentiâ,

feffion, & qu'elle ne les veut pas admettre à recevoir des Ordres, s'il s'y préfentoient. Ce font deux articles entr'autres, qui font marqués dans le Rituel de Paris, & en un très-grand nombre d'autres qui y font conformes. Je reçois, MONSEIGNEUR, de tout mon cœur & dans un efprit de parfaite foumiffion, cette difcipline Eccléfiaftique, & la doctrine qui en fait le fondement ; & je foufcrirois fans réferve tout ce qui eft dit dans votre Rituel, foit contre les Comédiens, directement ou indirectement, foit en toute autre matiere. C'eft, MONSEIGNEUR, ce que je protefte à VOTRE GRANDEUR,

avec une entiere fincérité, prêt à faire tout ce que vous m'ordonnerez pour édifier l'Eglife. Je fuis avec un très-profond refpect,

Archipræful Illuftriffime   MONSEIGNEUR
     Tuæ Celfitudinis   De V. G.

Humillimus & obse-quentissimus servus, FRANCISCUS CAFFARO. *Cleric. Regul.*	Le très-humble & très-obéissant Serviteur, FRANÇOIS CAFFARO. Clerc Régulier.
Parisiis die Maii 11. 1694.	A Paris le 11 Mai 1694.

» Enfin , dit M. *Bossuet* dans ses maximes & réflexions sur la Comédie, » le Pere *Caffaro* à qui l'on avoit attri-» bué la Lettre ou Dissertation pour la » défense de la Comédie, a satisfait au » Public par un désaveu aussi humble » que solemnel. L'autorité Ecclésias-» tique s'est fait reconnoître , & la » vérité a été vangée.

» Qui que vous soyez qui plaidez » la cause des Théatres, vous n'évi-» terez pas le jugement de Dieu. » Cessez de soutenir ce genre d'amu-» sement où la vertu & la piété sont » toujours ridicules , la corruption » toujours excusée & la pudeur tou-» jours offensée.

» Qu'on nous dise comme du tems » de saint *Chrysostome* que condamner » les Théatres , c'est contredire le

» Gouvernement civil qui les tolere.
» Nous leur répondrons que tout ce
» que nous ſommes de Prêtres, nous
» devons imiter l'exemple des *Chry-*
» *ſoſtomes* & des *Auguſtins*, & dire que
» l'eſprit des loix civiles même eſt
» contraire à tous ces Spectacles qui,
» en flattant les yeux & les oreilles,
» introduiſent dans l'ame une troupe
» de vices, *per aurium oculorumque*
» *illecebras ad animum turba vitiorum*
» *ingredi ſolet.* Et ſi la coutume l'em-
» porte, ſi l'abus prévaut, ce qu'on
» en peut conclure, c'eſt tout au plus
» que les Spectacles dramatiques doi-
» vent être rangés parmi ces maux,
» dont un habile Hiſtorien (*Méſerai*)
» a dit qu'on les défend toujours &
» qu'on les a toujours. Et ſi l'Egliſe
» ne prononce pas contre ceux qui
» fréquentent les Théatres les mêmes
» cenſures dont les Comédiens ont
» toujours été frappés, c'eſt que,
» comme le dit ſaint *Auguſtin*, elle
» n'exerce la ſévérité de ſes cenſures
» que ſur les pécheurs dont le nombre
» n'eſt pas grand, afin de ne pas trou-

» bler l'ordre de la société. *Severitas*
» *exercenda eſt in peccata paucorum.*

» Quant à ceux qui voudroient
» qu'on réformât le Théatre pour, à
» l'exemple des ſages Payens, y ména-
» ger à la faveur du plaiſir, des exem-
» ples & des inſtructions ſérieuſes pour
» les Rois & pour les peuples ; qu'ils
» ſongent que le charme des ſens eſt un
» mauvais introducteur des ſentimens
» vertueux. Les Payens dont la vertu
» étoit imparfaite, groſſiere, ſuper-
» ficielle, pouvoient l'inſinuer par le
» Théatre ; mais il n'a ni l'autorité,
» ni la dignité, ni l'efficace qu'il faut
» pour inſpirer les vertus convena-
» bles à des Chrétiens. Dieu renvoie
» les Rois à ſa loi pour y apprendre
» leurs devoirs. Qu'ils la liſent tous les
» jours de leur vie ; qu'ils la méditent
» nuit & jour comme *David ;* qu'ils
» s'endorment entre ſes bras, & qu'ils
» s'entretiennent avec elle en ſe le-
» vant comme un *Salomon* (1). Mais

(1) L'Ecriture ſainte, dit M. l'Abbé *Gros
de Beſplas,* eſt le code des Rois ; c'eſt le Livre
du gouvernement de l'Etat. On ſçait que

» pour les inſtructions du Théatre la
» touche en eſt trop légere, & il n'y
» rien de moins ſérieux, puiſque
» l'homme y fait à la fois un jeu de
» ſes vices & un amuſement de la
» vertu. »

Rien ne devoit être plus impoſant que les maximes & réflexions de M. *Boſſuet*, dont on vient de donner un extrait. On ſçait que ce Prélat ſçavoit toujours mettre la vérité en évidence & l'erreur en déroute. Cependant les défenſeurs des Théatres oſerent encore élever la voix. Un Poëte lui adreſſa l'Epître ſuivante qu'on a cru devoir faire réimprimer ici, parce qu'elle donnera lieu de réfuter des objections dont on ne fait que trop ſouvent uſage.

M. *Boſſuet* compoſa par ordre de *Louis XIV.* un Ouvrage intitulé : *Politique tirée des paroles de l'Ecriture Sainte.* Des Cauſes du bonheur public, *pag.* 211.

EPITRE *à* Mgr *J.* Ben. Bossuet, *Evêque de Meaux , fur fon Livre touchant la Comédie.*

DOcte & fage Prélat dont le Ciel a fait
    choix ,
Pour inftruire & former la jeuneffe des Rois ,
Et qui par des difcours vifs & pleins d'éloquence,
Sçais confondre l'erreur & bannir l'ignorance ;
Je conviens avec toi que des hommes pécheurs
Devroient avoir toujours les yeux baignés de
    pleurs ;
Je fçais que l'Evangile en fes leçons divines
N'offre pour le falut qu'un chemin plein d'é-
    pines ,
Et que loin d'approuver les jeux & les plaifirs,
Il nous en interdit jufqu'aux moindres defirs.

    Ainfi la Comédie étalant fur la fcene
Les appas féducteurs d'une pompe mondaine,
Sans doute eft peu conforme à ces vœux fo-
    lemnels ,
Qu'en naiffant un Chrétien fait au pied des
    Autels.

    Ces caracteres fiers des Héros du Théatre,
Pouvoient être applaudis chez un peuple ido-
    lâtre ;

Mais Disciples d'un Dieu pour nous crucifié,
Nous devons n'estimer qu'un cœur mortifié,
Un cœur humble & sans fiel, & dont la vertu pure
Se fasse un point d'honneur d'oublier une injure,
Et préfere de voir ses passions aux fers,
A la fausse grandeur de domter l'Univers.

Cependant grand Prélat d'invincibles obstacles
S'opposent au dessein d'abolir les Spectacles.
Auprès des Souverains l'oisiveté des Cours,
Malgré tous les Sermons les maintiendra tou-
        jours,
Et les peuples privés d'un plaisir excusable
Peut-être en chercheroient quelqu'autre plus
        coupable.

D'ailleurs, tant qu'on verra des Prélats fastueux
Elever à grands frais des Palais somptueux,
En fait de mets exquis ne rien céder aux Princes,
Et de leurs trains pompeux éblouir les Pro-
        vinces,
Contre la Comédie envain l'on écrira,
De ces moralités le Public se rira;
JESUS-CHRIST, dira-t-il, aux Riches de la terre
Pendant toute sa vie a déclaré la guerre:
Toutefois un Prélat se croit en sûreté,
Avec vingt mil écus dont il se voit renté,
Et l'on ne pourra pas à l'Hôtel de Bourgogne
Voir le rôle plaisant d'un sot & d'un ivrogne.

Du charmé de *Corneille* au Théatre François
Aller plaindre le fort des Princes & des Rois,

De quel front ces Pafteurs vivant dans l'opu-
     lence ,
Viennent-ils nous prêcher l'efprit de pénitence ;
Et comment dans ce fiécle ofent-ils fe flatter
Qu'on fubira le joug qu'ils fçavent éviter.

Tels dans l'ancienne Loi des tartuffes féveres
Damnoient le peuple Juif pour des fautes légeres,
Eux qui loin des témoins en des réduits cachés
S'abandonnoient fans crainte aux plus honteux
     péchés.

Voilà , fage Prélat , comme chacun raifonne,
Et fait une leçon aux Docteurs de Sorbonne :
Pour impofer filence , il faudroit réformer
Nombre d'autres abus que je n'ofe rimer.

Il n'y a de bon dans cette Epitre
que les vingt-deux premiers vers. On
y trouve un hommage rendu à l'efprit
du Chriftianifme & à l'engagement
folemnel que le Baptême nous a fait
contracter de nous défendre de l'illufion de l'imagination, de l'impreffion
des fens & des mouvemens des paffions , pour n'écouter que Dieu &
fuivre fa lumiere. On y voit que cet

engagement nous oblige à vivre d'u-
ne maniere qui annonce que nous
reconnoiſſons d'eſprit & de cœur
Jesus-Christ pour notre Maître,
pour le Fils de Dieu & pour notre
Roi; trois titres qui exigent de nous
à ſon égard la docilité de diſciples, le
reſpect & la religion de vrais Chrétiens, l'obéiſſance & la ſoumiſſion de
fideles ſujets. Telle eſt donc la doctrine de ce Poëte dans les vingt-deux
premiers vers de ſon Epître.

Mais qu'on eſt à plaindre de combattre la vérité que l'on connoît! Il
y a plus à eſpérer de celui qui de
bonnefoi eſt dans l'erreur, la prenant
pour la vérité. Peut-on concilier ces
vingt-deux premiers vers avec ceux
que forment le reſte de l'Epître? **M.**
Boſſuet étoit dans le cas d'adreſſer à
ce Poëte ces paroles de Jeſus-Chriſt;
»Taiſez-vous, vous n'avez point de
» goût pour les choſes de Dieu, mais
» ſeulement pour les choſes de la
» terre. » *Tace, obmuteſce non ſapis ea
quæ Dei ſunt, ſed quæ ſunt hominum.*
C'eſt de ce défaut de diſcernement

que

que dérivent les futiles argumens de ce Poëte.

Il tire avantage de la difficulté de supprimer les Spectacles. Mais si le gouvernement Civil paroît excusable de les tolérer, on n'en est pas moins repréhensible de s'en permettre la fréquentation.

N'est-il pas encore ridicule de s'autoriser de la vie irréguliere de quelques Ministres Ecclésiastiques, pour éluder la pratique des devoirs de la morale chrétienne qu'ils nous prêchent par leurs discours ou par leurs écrits ? Quelque scandaleuse que pourroit être leur conduite, nous devons toujours regarder dans ces Ministres avec respect JESUS-CHRIST & son autorité. La Doctrine de l'Evangile qu'ils nous annoncent ne doit rien perdre par leur mauvaise vie (1).

(1) Prædicatores quorum recta est fides ac Doctrina, tametsi mala sit vita, audiendi sunt. Prædicatoris male viventis sana Doctrina uva est in spinis hærens ; sed ex vite nascens... Prædicat tibi bonus, carpe uvam de vite ; malus tibi prædicat, cautè manum mitte, ne lacereris ab spinis, id est ne facta imiteris

Ce qui vient de leur volonté corrompue eſt à eux, & doit être rejettée. La vérité & l'autorité qui viennent de Jesus-Christ, des Apôtres & du Corps viſible des Paſteurs, ſont de Dieu & doivent être inviolables. Quelle illuſion de rejetter la bonne Doctrine, de refuſer l'obéiſſance aux Loix de l'Egliſe ſous prétexte qu'il y a des Miniſtres qui n'y conforment pas leur vie !

Mais le Poëte qu'on refute avoit-il ce reproche à faire à M. *Boſſuet ?* Ce Prélat n'étoit-il pas du nombre des bons Paſteurs qui ſçavent que prêcher aux ſimples fideles le joug de l'Évangile, & ne le point porter ſoi-même, c'eſt le leur rendre plus peſant ; qu'on prouve mieux la poſſibilité de la pratique de la Doctrine Evangélique en l'annonçant par toute ſa conduite ;

malorum. Lege uvam inter ſpinas pendentem, non de radice ſpinarum ſurgentem, ſed de vite naſcentem... Dona Dei poſſunt pervenire ad eos qui cum fide accipiunt, etiamſi talis ſit per quem accipiunt qualis *Judas* fuit. *S. Aug. tom.* 4 & 5.

qu'avec

qu'avec de la douceur, de la discré-
tion, le bon exemple, les Pasteurs
peuvent tout espérer des fideles, &
que quand il n'y a que des paroles,
il y a peu de fruit à attendre ; qu'enfin
rien n'attire plus le mépris pour les
états les plus saints, que les fautes de
ceux qui les ont embrassés ? Ainsi l'argument de ce Poëte étoit faux à tous
égards. Premiérement, parce qu'il
étoit très-mal adressé. Secondement,
parce que quand même il auroit eu
à répondre à un Prélat peu édifiant,
on avoit à dire à ce Poëte que les
scandales qu'il relevoit avoient été
prédits par Jesus-Christ, *Necesse est ut
veniant scandala,* & qu'il nous a donné
à cet égard ce précepte : « Observez
» & faites tout ce qu'ils vous ordon-
» neront de conforme à la loi, & ne
» faites pas le mal qu'ils font », *Omnia
quæcunque dixerint vobis servate & fa-
cite, secundum opera eorum nolite facere.*
Louons plutôt Dieu (1), dit un Au-

____

(1) Mira Dei providentia cui placuit, ut
quam sequi oportet auctoritas etiam visibilior
esset quàm, quod rejiciendum est, pravum

-teur célebre, de ce qu'il n'a pas voulu que notre ſanctification dépendît de la mauvaiſe foi & de la vie ſcanda-leuſe de quelques-uns de ſes Miniſtres. Remercions-le de ſa bonté de nous donner toujours des Miniſtres dont la conduite eſt à l'uniſſon de leurs diſ-cours, Et n'oublions pas que Jeſus-Chriſt a dit que quiconque n'obéira pas à l'Egliſe doit être regardé comme un Payen. *Si Eccleſiam non audie-rit, ſit tibi ſicut ethnicus & Paganus.*

« Ne paſſons pas ſi légérement ſur » l'article de l'Egliſe, dit le Pere » *Soanen* (1). Elle a certainement l'au-» torité de vous commander. Or vous » vous révoltez contr'elle toutes les » fois que vous fréquentez les Théa-» tres. Sentez-vous toute la force de

exemplum ; ne fides & ſalus ſimplicium pen-deret vel à diſcuſſionibus quibus impares ſunt, vel à pravis aliquorum Paſtorum exemplis, quibus poſſent abripi, niſi viſibilem haberen regulam ad quam poſſunt & debent mores ſuos exigere! Chriſtum laudemus quod à mal fide, vel malitiâ Miniſtri ſanctificationem noſ tram pendere noluerit. *Compend. Mor. Ev.*

(1) Dans ſon Sermon contre les Spectacles,

» cet argument que je vous défie d'é-
» luder? Car ou vous êtes enfans de
» l'Eglise, ou vous ne l'êtes point; &
» dans l'un & l'autre cas votre juge-
» ment est prononcé. N'y eut-il que
» la rebellion que vous arborez contre
» l'Eglise & contre ses Ministres, lors-
» que vous allez aux Spectacles, vous
» devriez les regarder avec la plus
» grande horreur, & frémir au seul
» aspect de ceux qui voudroient vous
» y entraîner. Vous nous soutenez
» toujours qu'il n'y a point de mal;
» mais qui, de vous, ou des Succes-
» seurs des Apôtres que vous devez
» écouter comme Jesus-Christ, & que

Il a été ci-devant parlé page 492 du Pere
Soanen. Voici à son sujet une anecdocte que
M. *de Querlon* a rappellée dans sa 21 Feuille
Hebdom. des Provinces de l'année 1767.
« Les PP. de *la Chaise* & *Bourdaloue* assis-
» toient avec plaisir aux Sermons du Pere
» *Soanen.* Ils disoient de lui : *Qu'au lieu d'aller*
» *chercher les phrases, les phrases le venoient*
» *chercher.* » La Bruyere l'a caractérisé, en
disant : « *Qu'il prêchoit simplement, fortement,*
» *chrétiennement, ou comme chacun croiroit*
» *pouvoir prêcher,* disoit M. *de Fénelon,* qui ne
» proposoit d'autres modeles pour l'éloquence
» de la Chaire que *Bourdaloue & Soanen.* »

† V u ij

» vous ne pouvez mépriſer ſans le mé-
» priſer, jugera cette queſtion? »

RAISONS

Qui condamnent les Théatres,
page 43 *du Recueil des Ordonnances & Man-*
demens de M. de Rochechouart, *Evêque*
d'Arras, imprimé à Arras en 1710.

1. L'Egliſe a marqué de l'horreur pour les Théatres dans tous les temps.

2. Les ſaints Peres les ont condamnés comme un reſte du paganiſme, & comme une école d'impiété & d'impureté.

3. La Religion oblige à combattre ſes paſſions ; rien ne les excite plus que les repréſentations dramatiques.

4. Les principales vertus de notre Religion ſont l'amour de Dieu, l'humilité, la pureté, le mépris & la haine du monde, la mortification, l'oubli des injures & le pardon des ennemis. Le Théatre inſpire l'amour profane, l'orgueil, l'ambition, l'eſtime des maximes du monde, la diſſolution, la vengeance. Il tend donc à détruire la Religion par ſes fondemens.

5. Nulle action ne peut être chrétienne qu'elle ne puiſſe avoir la cha

rité pour principe, & être rapportée à Dieu. A-t-on jamais été aux Spectacles pour plaire à Dieu ? A-t-on jamais ofé dire, je m'en vas à la Comédie pour l'amour de Dieu ?

6. Voit-on des perfonnes de piété aux Spectacles ? Et dès qu'une perfonne commence à fe mettre dans la dévotion, ne la voit-on pas renoncer aux jeux de Théatre ? Preuve qu'on ne les peut accorder avec la fainteté de notre Religion.

7. Un jour de communion on va fans fcrupule à la promenade & faire des vifites. Voudroit - on aller aux Spectacles ? *Argumentum malæ rei.*

8. Comment une mere Chrétienne s'excufera-t-elle devant Dieu de mener elle-même ou de laiffer aller fa fille aux Spectacles au rifque ou d'y perdre fon innocence, ou d'apprendre au moins dans cette pernicieufe école ce que jufques-là elle étoit affez heureufe d'ignorer ?

9. Vous dites que vous ne faites point de mal à la Comédie. Mais n'eft-ce point que vous ne voulez pas le

connoître de peur d'être obligé de n'y plus aller? Et fi vous ne fentez point les impreffions que les repré-fentations théatrales font fur votre cœur, n'eft-il point à craindre qu'il ne foit ou bien infenfible, ou bien corrompu?

10. Mais n'appellez-vous mal que ce qu'il y a de plus groffier & que le monde même ne peut fouffrir? Comptez-vous pour rien le danger de votre falut, le mauvais exemple que vous donnez, l'argent même dont vous faites un fi mauvais emploi? Si vous avez du fuperflu, n'eft-il pas aux pauvres, & ne devez-vous pas l'employer à des aumônes, dans un tems fur-tout où les befoins font fi preffans, & où on voit la mifere déja très-grande augmenter encore tous les jours?

11. Vous vous excufez fur vos befoins quand on vous demande quelque portion de vos biens pour ceux de l'Etat, qu'on vous preffe de faire l'aumône, & que ce pauvre vous follicite de l'affifter, & vous avez de l'ar-

gent de reste pour des divertissemens criminels.

12. Ne cherchons ni à nous tromper, ni des Directeurs relâchés qui flattent sur cela la cupidité. Consultons notre conscience seule ; nous n'irons point aux Théatres.

13. On refuse les Sacremens aux Comédiens, on les en prive même à la mort s'ils ne renoncent à cet infame métier. S'ils meurent sans l'avoir fait, on ne les enterre pas en terre sainte. Ils ont pour sépulture celle des bêtes.

14. Le Rituel de Paris joint les Comédiens aux Magiciens, & les regarde comme manifestement infames ; & tous les Rituels sans exception où il est parlé d'eux, les condamnent.

15. Saint *Charles* instruit les Prédicateurs de la maniere dont ils doivent prêcher contre ce mal, & le faire connoître aux peuples. Il le regarde donc comme un mal.

16. Dans la plus grande Paroisse de Paris (1) gouvernée par une Com-

(1) Saint Sulpice.

munauté très-pieuſe & très-éclairée, ceux qui la conduiſent n'ayant pû y empêcher ce mauvais établiſſement, le très-Saint Sacrement, qui le jour de la Fête-Dieu paſſoit dans une grande & belle rue où ſe joue à préſent la Comédie, n'y paſſe plus.

17. Un grand Evêque de la Flandre Françoiſe refuſa le Sacrement de Mariage à un Comédien qui ne voulut pas quitter cet état. Un autre Comédien des plus fameux étant mort, il y a peu d'années à Paris, fut enterré en terre profane.

18. Dans les Statuts d'un Prélat que ſa vertu rend bien plus illuſtre que la pourpre dont il eſt revêtu, on trouve les Comédiens joints aux concubinaires, aux uſuriers, aux blaſphémateurs, aux femmes débauchées, aux excommuniés dénoncés, aux infames, aux ſimoniaques, en un mot aux perſonnes ſcandaleuſes à qui on doit refuſer publiquement la Communion.

19. On ne peut donc point juſtifier les Comédiens ni leurs repréſenta-

tions fans vouloir condamner l'Eglife, les faints Peres , faint *Charles ,* & les plus faints Prélats.

20. On ne peut non plus y affifter fans offenfer Dieu , fans donner un mauvais exemple, fans prendre part au mal qui s'y fait, & fans contribuer à retenir ces malheureux miniftres de Satan dans une profeffion qui les fépare des Sacremens, & qui les tient dans un état perpétuel de péché & de damnation ; par conféquent fans y commettre un fort grand mal. Mais s'il eft grand dans tous les tems, combien plus les Fêtes & les Dimanches qui font des jours faints & particuliérement confacrés à Dieu ?

21. En affiftant aux Spectacles vous en tenez les malheureux Acteurs arrêtés dans un état déplorable. Vous coopérez à la perte d'un de vos freres, d'un Chrétien pour qui Jefus-Chrift eft mort comme pour vous; & vous croyez être innocent , vous croyez n'être pas devant Dieu refponfable de fon malheur.

22. Croiriez-vous être innocent,

ſi vous fourniſſiez une épée à un fu-
rieux pour ſe perdre, à une créature
impudique les moyens de ſe proſtituer
& d'entretenir ſon mauvais commerce? Et vous croyez l'être en donnant
lieu ſolidairement avec tous les autres qui aſſiſtent aux Spectacles, à entretenir les Acteurs dans un état qui
ſûrement les damne.

23. Finiſſons par ce raiſonnement.
Il eſt certain qu'il n'eſt pas permis de
coopérer directement à entretenir nos
freres dans un état de damnation. Or
il eſt certain que les Comédiens ſont
dans un état de damnation, & que
l'on coopere à les y retenir en allant
à leurs Spectacles. Donc il n'eſt pas
permis d'y aller, & on ne peut excuſer
ceux qui s'y trouvent.

Il ne faut pas faire de grands frais
en dialectique pour faire valoir toutes
ces raiſons. La logique de la morale
évangélique eſt dans les cœurs. *Louis*
XIV. en donna une preuve dans ce
compliment énergique qu'il fit au
célebre *Maſſillon*, alors Pere de l'O-

ratoire : *Mon Pere, lui dit ce Monar-*
que , toutes les fois que je vous ai
entendu , j'ai été très-mécontent de moi-
même. On sçait que ce grand Prédicateur difoit : *Quand je fais un Sermon,*
je m'imagine qu'on me confulte fur une
affaire ambigue. Je mets toute mon ap-
plication à décider & à fixer dans le
bon parti celui qui a recours à moi. Je
l'exhorte, je le preffe, & je ne le quitte
point qu'il ne fe foit rendu à mes raifons.
Il éprouva fouvent ce triomphe, mais
d'une maniere toute finguliere la
premiere fois qu'il prêcha fon fameux
Sermon fur le petit nombre des
Elus (1); il caufa un fi grand ébran-
lement dans les cœurs, que tous les
Auditeurs fe leverent à moitié par un
mouvement involontaire produit par
les tranfports de leur admiration (2),
& par l'hommage que leurs cœurs
étoient forcés de rendre aux vérités
qui leur étoient annoncées, du nom-

(1) Dictionnaire Hiftorique par une Société
de Gens de Lettres.
(2) Ce Sermon fe trouve dans le fecond
Tome pour le Carême.

Vu vj

bre desquelles étoient celles-ci sur les Spectacles :

« Vous avez, dit-il, renoncé à la
» chair dans votre Baptême, c'est-à-
» dire, vous vous êtes engagé à ne
» pas vivre selon les sens, à regarder
» l'indolence même & la mollesse
» comme un crime, à ne pas flatter
» les desirs corrompus de votre chair,
» mais à la dompter. Ce n'est pas ici
» une perfection, c'est un vœu, c'est
» le premier de tous vos devoirs, c'est
» le caractere le plus inséparable de la
» foi… Et de-là, voilà bien des ques-
» tions résolues. Vous nous demandez
» sans cesse si les Spectacles & les autres
» plaisirs publics sont innocens pour
» des Chrétiens ? Je n'ai à mon tour
» qu'une demande à vous faire. Sont-
» ce des œuvres de Satan ou des œu-
» vres de Jesus-Christ ? Car dans la
» Religion il n'est point de milieu ;
» ce n'est pas qu'il n'y ait des délasse-
» mens & des plaisirs qu'on peut ap-
» peller indifférens ; mais les plaisirs
» les plus indifférens que la Religion
» permet & que la foiblesse de la na-

» ture rend même nécessaires, appar-
» tiennent, en un sens, à Jesus-Christ
» par la facilité qui doit nous en re-
» venir de nous appliquer à des de-
» voirs plus saints & plus sérieux.
» Tout ce que nous faisons, que nous
» pleurions, que nous nous réjouis-
» sions, il doit être d'une telle natu-
» re, que nous puissions du moins le
» rapporter à Jesus-Christ, & le faire
» pour sa gloire.

» Or sur ce principe le plus incon-
» testable, le plus universellement reçu
» de la morale chrétienne, vous n'a-
» vez qu'à décider. Pouvez-vous rap-
» porter à la gloire de Jesus-Christ les
» plaisirs des Théatres ? Jesus-Christ
» peut-il entrer pour quelque chose
» dans ces délassemens ? Et avant que
» d'y entrer, pourriez-vous lui dire
» que vous ne vous proposez dans
» cette action que sa gloire & le desir
» de lui plaire ? Quoi ! les Spectacles,
» tels que nous les voyons aujour-
» d'hui plus criminels encore par
» la débauche publique des créatures
» infortunées qui montent sur le Théa-

» tre , que par les ſcenes impures ou
» paſſionnées qu'elles débitent , les
» Spectacles ſeroient des œuvres de
» Jeſus-Chriſt ? Jeſus-Chriſt aimeroit
» une bouche d'où ſortent des airs
» profanes & laſcifs ? Jeſus-Chriſt for-
» meroit lui-même les ſons d'une voix
» qui corrompt les cœurs ? Jeſus-Chriſt
» paroîtroit ſur les Théatres en la
» perſonne d'un Acteur, d'une Actrice
» effrontée , gens infames , même
» ſelon les loix des hommes ? Mais
» ces blaſphêmes me font horreur ;
» Jeſus-Chriſt préſideroit à des aſſem-
» blées de péché , où tout ce qu'on
» entend anéantit ſa doctrine , où le
» poiſon entre par tous les ſens dans
» l'ame , où tout l'art ſe réduit à inſ-
» pirer , à réveiller , à juſtifier les
» paſſions qu'il condamne ? Or, ſi ce
» ne ſont pas des œuvres de Jeſus-
» Chriſt dans le ſens déja expliqué ,
» c'eſt-à-dire des œuvres qui puiſſent
» du moins être rapportées à Jeſus-
» Chriſt, ce ſont donc des œuvres de
» Satan , dit *Tertullien ? Nihil enim non*
» *diaboli eſt , quidquid non Dei eſt.....*

» *Hæc ergo erit pompa diaboli.* Donc
» tout Chrétien doit s'en abſtenir ;
» donc il viole les vœux de ſon Bap-
» têmе lorſqu'il y participe ; donc de
» quelque innocence dont il puiſſe ſe
» flatter, en reportant de ces lieux
» ſon cœur exempt d'impreſſion, il
» en ſort ſouillé ; puiſque par ſa ſeule
» préſence, il a participé aux œuvres
» de Satan auſquelles il avoit renoncé
» dans ſon Baptême, & violé les pro-
» meſſes les plus ſacrées qu'il avoit
» faites à Jeſus-Chriſt & à ſon Egliſe.
» Ce ne ſont pas ici des conſeils &
» des pratiques pieuſes, ce ſont nos
» obligations les plus eſſentielles. Il
» ne s'agit pas d'être plus ou moins
» parfait en les négligeant ou en les
» obſervant. Il s'agit d'être Chrétien
» ou de ne l'être pas.

« En général [dit M. *de Montazet,*
Archevêque de Lyon, dans ſon Mandement du 25 Janvier 1770] l'eſprit
» de notre ſainte Religion nous éloi-
» gne des plaiſirs & des amuſemens
» dans leſquels les mondains font
» conſiſter leur bonheur. Elle nous

» les fait enviſager comme autant de
» piéges que nous tend l'ennemi de
» notre ſalut. Un Dieu vengeur qu'il
» faut appaiſer, un Chef & un Sau-
» veur crucifié qu'il faut imiter ; des
» prévarications ſans nombre qu'il
» faut éviter ; une éternité de bon-
» heur qui doit être le prix de notre
» fidélité & de notre vigilance. Voilà
» les grands objets qu'elle nous met
» devant les yeux ; & quand on en
» eſt vivement frappé, on ſe ſent peu
» d'attraits pour les plaiſirs frivoles &
» dangéreux.

» Cependant nous l'avouons ſans
» peine, il eſt des plaiſirs innocens &
» permis. Il eſt des délaſſemens qui
» ſont devenus néceſſaires à notre
» foibleſſe, & la Religion en régle
» plutôt l'uſage qu'elle ne les interdit.
» Mais quand eſt-ce qu'ils ſont avoués
» par cette Religion ſainte ? C'eſt
» lorſqu'ils ne ſont ni dangéreux, ni
» exceſſifs. Or, peut-on appliquer ces
» caracteres aux Spectacles & aux aſ-
» ſemblées profanes auſquelles on
» court avec tant d'empreſſement ?

» Ces Spectacles n'offrent-ils rien qui
» puiſſe allarmer l'innocence ? Les
» maximes qu'on y débite ſont-elles
» celles de la Religion ? Ne s'expoſe-
» t-on pas à y recevoir par tous les
» ſens les impreſſions les plus dangé-
» reuſes. »

Le cœur doit un hommage d'ac-
quieſcement à ces réflexions de M.
de Montaʒet, de même qu'à cet argument ſi perſuaſif dont M. l'Abbé
Clément a fait uſage dans ſon Diſcours
contre les Spectacles. » Que quelque
» accident imprévu, diſoit *Tertullien,*
» vous ſurprenne au Théatre ; qu'un
» coup de tonnerre, par exemple,
» vous y avertiſſe des vengeances du
» Seigneur, auſſi-tôt on vous voit
» effrayés. Vous vous empreſſez à
» porter la main ſur votre front pour
» y tracer le ſigne du ſalut. Mais que
» faites-vous ? ce ſigne de ſainteté &
» de recueillement, ce ſigne de pé-
» nitence vous condamne. Certaine-
» ment vous ne ſeriez point là ſi vous
» l'aviez dans votre cœur, ce ſigne
» que vous oſez marquer ſur votre

» front. *Gestant in fronte, undè disce-*
» *derent, si haberent in corde.* »

On vit en 1769 arriver dans une ville d'Italie l'événement dont *Tertullien* faisoit la supposition. En voici le récit tel qu'il se trouve dans la Gazette de France du 11 Septembre 1769.

EXTRAIT d'une *Lettre écrite de Feltri, dans la Marche Trevisanne, en Italie, en date du 30 Juillet 1769.*

« Le 26 de ce mois [Juillet 1769]
» vers les trois heures après-midi, il
» s'éleva ici tout-à-coup une tempête
» horrible. Le ciel, qui jusqu'alors
» avoit été serein, fut obscurci par
» d'épais nuages; tout l'horison étoit
» en feu par la multitude des éclairs
» qui se succédoient sans interrup-
» tion, & la pluie tomboit avec tant
» de violence, qu'il fut impossible à
» la plûpart de ceux qui étoient sortis
» de chez eux de regagner leurs ha-
» bitations. Plus de six cens person-
» nes étoient alors enfermées dans la

» falle du Spectacle. La Comédie n'é-
» toit pas encore au troifieme acte,
» lorfque le tonnerre tomba fur le
» Théatre par une grande ouverture
» qui fe fit au comble du bâtiment.
» La foudre parut fous la forme d'un
» boulet de canon du plus fort cali-
» bre. La falle étoit éclairée par un
» grand nombre de lumieres, qui tou-
» tes furent éteintes en un inftant. Au
» morne filence, premier effet de la
» frayeur, fuccéderent bientôt des
» cris affreux, lorfqu'au retour de la
» lumiere on apperçut l'horrible ta-
» bleau des ravages du tonnerre. De
» tous côtés on ne voyoit que des
» hommes, des femmes & des enfans
» privés de vie ou de fentiment. Six
» perfonnes à la fleur de leur âge
» furent entiérement réduites en cen-
» dre par le feu du ciel. Soixante-dix
» autres en furent atteintes, & plu-
» fieurs d'entr'elles font en danger de
» mort. »

Il y a quelques années qu'il arriva
auffi à Rome un malheur en pareille
circonftance. Les Gazettes l'annon-

cerent , & l'on en trouve un récit très-détaillé dans la Deſcription de l'Italie, par M. l'Abbé *Richard* (1). En voici l'abrégé :

» Comme on étoit ſur le point de
» repréſenter la Comédie ſur le Théa-
» tre du Palais d'*Aſté* , le plancher de
» la ſalle de Spectacle enfonça, de
» maniere qu'il tourna en tombant,
» renverſa les ſpectateurs, & fit enfon-
» cer le ſecond plancher. On retira
» dix perſonnes mortes, pluſieurs bleſ-
» ſés très-dangéreuſement, dont dix
» ou douze moururent. »

Sans conſidérer en Myſtique ces triſtes événemens, ne peut-on pas en conclure qu'il vaut mieux écouter, dans le calme, la vérité, & ne pas attendre qu'elle tonne pour nous ſoumettre à elle? Ecoutons-la donc dans le Sonnet que M. *Godeau* (1), Evêque

(1) Tome 5, pag. 201.

(2) Il a déja été parlé page 443 de M. *Godeau*, comme Evêque de *Graſſe*. L'Evêché de Vence avoit été réuni à celui de Graſſe. Mais M. *Godeau* ayant reconnu que la nouvelle Bulle d'Union, obtenue en 1644 du Pape *Innocent* X, avoit été accordée ſur un

de Vence, a fait fur les repréfentations
théatrales. Cette petite piéce de Vers
eft une efpece de plaidoyer dans la
forme de ceux des Avocats généraux.
La caufe des Spectacles y eft d'abord
préfentée fous l'afpect le plus favorable. Mais elle eft perdue par les con-
clufions.

SONNET *de M. Godeau.*

Le Théatre jamais ne fut fi glorieux,
Le jugement s'y joint à la magnificence :
Une régle févere en bannit la licence,
Et rien n'y bleffe plus, ni l'efprit, ni les yeux.

On y voit condamner les actes vicieux
Malgré les vains efforts d'une injufte puiffance :
On y voit à la fin couronner l'innocence,
Et luire en fa faveur la juftice des cieux.

Mais en cette leçon fi pompeufe & fi vaine,
Le profit eft douteux & la perte certaine, (1)

expofé équivoque, il abdiqua en 1653 le
Siége de *Graffe*, & retint celui de *Vence.*

(1) *Admonentur quid facere poffint & inflam-
mantur libidine.* Lactant.

. . . . *Quoniam dociles imitandis
Turpibus ac pravis omnes fumus.*
Juv. lib, 4, Sat, 14.

Le remede y plaît moins que ne fait le poiſon.
Elle peut réformer un eſprit idolâtre ;
Mais pour changer leurs mœurs & régler leur
    raiſon,
Les Chrétiens ont l'Egliſe & non pas le Théatre.

LE DANGER
DES SPECTACLES.
ODE
DE M. ARCERE,

Q u i a remporté le Prix de Poéſie au jugement de l'Académie des Jeux Floraux de Touloūſe, en l'année 1748.

O ù ſuis-je ? quels objets ! de rapides
    merveilles (1)
A mes regards ſurpris s'offrent dans ces beaux
    lieux.
Ciel ! un nouveau plaiſir enchante les oreilles,
Et ſuſpend le plaiſir des yeux.

(1) Décorations. Changemens de Scénes. Muſique.

Quel art des paffions retrace les ravages !
De célebres malheurs les tragiques images,
 Affligent encore l'Univers.
Contrafte intéreffant & de honte & de gloire !
Un fier Vainqueur paroît fur un char de
   Victoire,
 Et fon Rival porte des fers. . . .

 J'APPERÇOIS une Reine au fein de
   l'indolence (2)
A fes pieds font les foins & les tendres foupirs ;
Son trône eft entouré des jeux de l'efpérance
  Plus piquante que les plaifirs.
Souveraine, elle doit fa grandeur à fes
   charmes ;
Elle fçait triompher fans combat & fans armes ;
  Ses appas lui fervent de traits ;
Elle étend fon pouvoir fur la terre & fur
   l'onde,
L'homme eft né fon efclave & les maîtres
   du monde,
  Les Rois, font fes premiers fujets. . . .

(2) La paffion de l'amour, grand mobile de nos
Piéces Dramatiques.

O Reine .... Qu'ai - je dit ? & quel rayon
m'éclaire ?

Je ſuis donc tranſporté dans l'empire amoureux,

J'allois au vil objet du culte de Cythere

Porter l'hommage de mes vœux.

Oui , c'eſt la volupté. La perfide préſente

A ſes adorateurs la coupe ſéduiſante,

D'où s'épanche un mortel poiſon.

Elle tient ce flambeau redoutable à la terre,

Et dont le feu coupable allume le tonnerre

Si fatal aux murs d'Ilion . . . (3)

DE ſon temple enchanteur les voûtes reten-
tiſſent ,

Elle parle, & déja pour célébrer ſes loix

Meres des doux accords les lyres réuniſſent

Leurs ſons aux accens de la voix. (4)

Mortels, on ne peut être heureux qu'autant
qu'on aime ;

Aimez, le tendre amour eſt votre bien ſuprême ;

(3) L'enlevement d'Helene par l'adultere Paris.
(4) L'Opera , Chans de l'Opera , dans leſquels on
trouve à tout propos le ſens de ces Maximes de Morale lubrique.

Le

Le Ciel, pour lui, forma le cœur.
'Aux attraits du penchant cédez sans résistance,
Achetez le bonheur au prix de l'innocence,
Quels dogmes ! je frémis d'horreur...

LES faux Dieux ne sont plus. Ils ont fui
comme un songe,
Leurs sceptres sont brisés, leurs trônes ren-
versés ;
Non ... ils vivent encor ces enfans du men-
songe, (5)
Et leurs autels sont encensés.
Le Théatre, en ces jours, pour eux nous in-
téresse ;
Leurs haines, leurs chagrins, leur honteuse
tendresse,
Font la matiere de nos jeux.
L'homme se croit absous par d'illustres com-
plices,
L'exemple l'encourage ; il se permet les vices
Qu'osent se permettre les Dieux...

Ici nos amphions (6) font parler la nature,
Je reconnois sa voix dans leurs tendres accords :

(5) Les passions des Dieux du Paganisme étalées sur
le Théatre de l'Opera.   (6) La Symphonie.

De l'amour, du couroux, leur ſçavante im-
    poſture

    Fait naître en moi les vifs tranſports.

Là, quel objet brillant avec grace s'élance, (7)

Il vole ſur la ſcène, une noble cadence

    L'embellit de nouveaux appas.

Peintre des paſſions ſéduiſant & ſublime,

Il embraſe mon ſein de ces feux qu'il exprime,

    Mon cœur ſuit ſon geſte & ſes pas . . .

O vous, dont les grands noms conſacrés

    dans l'Hiſtoire, (8)

Des ſiécles reculés percent l'obſcurité :

Vous, dont le monde entier adore la mémoire,

    Inſtruiſez la poſtérité.

Modeles dangéreux, vous brillez ſur la ſcène :

L'héroïſme des Grecs & la hauteur Romaine

    N'offrent qu'un maſque ſéducteur.

Je vois des paſſions avec art annoblies,

Phantômes des vertus, images embellies

    D'un vain coloris de grandeur . . .

(7) Danſes hautes & figurées.
(8) La Tragédie. Perſonnages Tragiques. Qu'eſt-ce
au fond que ces grands ſentimens ? des ſaillies extra-
vagantes d'ambition & de vengeance. *La Motte*,
Réflexion ſur la Critique.

Assis (9) sur les débris des Cités ren-
  versées,
Un Roi voit à ses pieds d'augustes Potentats
Sous l'amas imposant de palmes entassées,
  Il couve ses noirs attentats.
Les talens du Héros qu'en César (1) on admire
Décorent un Tyran dont l'injustice aspire
  Aux honneurs du suprême rang.
Et le noble courroux de l'amant de Chi-
  mene, (2)
Exemple trop funeste, enfante encore la haine
  Qui lave un affront dans le sang . . .

En vain pour ramener l'esprit à la sagesse, (3)
On vante l'enjouement des comiques Cen-
  seurs,
Leur fiction riante écartant la tristesse,
  Sert le plaisir, mais nuit aux mœurs. (4)
Philosophe équivoque, un Auteur vient
  m'instruire,

(9) L'Alexandre de *Racine.*
(1) Le César de Mademoiselle *Barbier.*
(2) Rodrigue dans le Cid de *Corneille.*
(3) Comédie.
(4) Quelle étrange morale dans l'Ecole des Femmes ! *Mo'iere* a donné un tour gracieux au vice, &
une austérité ridicule & odieuse à la vertu.

Par de fauſſes leçons propres à me ſéduire,
   Mes défauts ſont-ils combattus ?
Je marche avec ce guide au bord des préci-
     pices.
Le Térence François corrigea moins de vices
   Qu'il ne corrompit de vertus . . .

           ❧

   Un nouveau Roſcius, ſçavant dans l'art de
     feindre, (5)
Etale de ſon jeu les divers mouvemens ;
Par ſa noble action il dit tout, ſçait tout
     peindre ;
   Ses regards ſont des ſentimens.
Le ſpectateur éprouve & ſa joie & ſes craintes :
Il ſoupire avec lui ; dans ces tragiques feintes
   Il retrouve la vérité,
Des tranſports ſimulés réveillent ſa tendreſſe,
L'image de l'amour le touche, l'intéreſſe,
   Et déja ſon cœur eſt dompté . . .

           ❧

   D'un mortel vertueux l'effort le plus
     pénible
Lutte contre un penchant immortel ennemi ;

(5) La Déclamation.

Sans cesse combattu, ce monstre est invincible,
Il n'est subjugué qu'à demi.
Dans ces lieux consacrés aux frivoles mer-
veilles,
Il est plus fier encor, les yeux, les oreilles
Pour lui conspirent contre nous.
Redoutable aggresseur, sa fragile innocence
D'un trop foible secours s'arme pour sa dé-
fense,
Elle tombe, & meurt sous tes coup....

CÉLÉBRES inventeurs dont un essor
rapide (6)

(6) La plûpart de nos Poëtes se sont repentis d'avoir travaillé pour le Théatre : *Racine* voir son Epitaphe, par M. *Tronchon* (*a*) ; *Quinault* (b) & la *Mothe.* Voyez la Harangue du P. *Porée* (*c*). *Corneille*

(*a*) Hic jacet, &c. *p.* 631.

(b) *Illum certè qui fuit melici Poëmatis in Galliâ quasi parens, scimus industriæ suæ nimiùm facilis, nimiùmque felicis pænituisse, serò quidem sed aliquandò tamen, & partas sine sudore lauros suis post modùm fletibus irrigasse.* Disc. du P. *Porée* sur le Théatre.

(*c*) *Audivimus eum cùm ejuraret opera Thea-*

cc Quinault, le pere de la >> Poésie Lyrique s'est répen- >> ti, tard à la vérité, réel- >> lement cependant, d'un >> talent trop facile & trop >> heureux. Nous savons qu'il >> a baigné de ses pleurs les >> lauriers qu'il devoit plus au >> génie qu'au travail >>.

cc Nous sçavons, & j'ose le >> publier après l'avoir enten-

A porté juſqu'aux cieux les noms & les travaux ;

traduiſit en vers l'Imitation de Jeſus-Chriſt (*d*).

» du de lui - même , que M. » *Oudart de la Mothe* abjura » ſes travaux couronnés , & » déclara les maximes de » ces ſortes d'Ouvrages dia- » métralement oppoſées aux » maximes du Chriſtianiſme. » Plût au Ciel que tous les » Auteurs de Théatre le com- » priſſent également, ſi pour- » tant il ſuffit en pareille ma- » tiere de comprendre ſa » faute pour s'en repentir ! »

tri lyrica , quòd eorum doctrinam doctrinæ Chriſti adverſâ fronte repugnare intelligeret , utinam idem intelligerent reliqui Scriptores Dramatici ! (Si tamen ad pænitendum ſatis eſt in hominibus præſertim theatro deditis) ſuam culpam intelligere. Diſc. du P. Porée ſur le Théatre.

(*d*) *Pierre Corneille*, dans ſes dernieres années, traduiſit en vers l'Imitation de Jeſus - Chriſt ; mais cette bonne œuvre ne le délivra pas ·des reproches continuels qu'il ſe faiſoit d'avoir travaillé pour le théatre ; la conſcience, le meilleur des Caſuiſtes, ne le raſſura jamais ſur le mauvais uſage qu'il avoit fait de ſes talens. *Boileau* ne s'étoit pas mis dans le cas d'avoir ces inquiétudes. On avoit toujours vu en lui le Poëte & le Chrétien. Une ſeule anecdote ſuffit pour caractériſer ſon reſpect pour la Religion. Elle eſt rapportée dans les Mémoires ſur la vie de *Jean Racine*. M. le Duc d'Orléans l'avoit invité à dîner ; c'étoit un jour maigre , & on n'avoit ſervi que du gras ſur la table ; on s'apperçut que *Boileau* ne touchoit qu'à ſon pain. *Il faut bien*, lui dit le Prince , *que vous mangiez gras comme les autres, on a oublié le maigre.* Boileau lui répondit, *vous n'avez qu'à frapper du pied, Monſeigneur, & les poiſſons ſortiront de la terre.* Cette alluſion au mot de *Pompée* fit plaiſir à la Compagnie, & ſa conſtance à ne pas vouloir toucher au gras lui fit honneur. Il ſe félicitoit, avec raiſon, de la pureté de ſes Ouvrages, & il diſoit ſouvent ſur la fin de ſa vie : *C'eſt une grande conſolation pour un Poëte qui va mourir, de n'avoir jamais offenſé les mœurs.*

O vous du grand Sophocle & du tendre
    Euripide
    Les éléves & les rivaux ;
Vos Ecrits si vantés, pour vous, n'ont plus de
    charmes.
Le repentir amer, le deuil source de larmes,
    Changent vos lauriers en cyprès.
Quand l'Univers vous place au temple de
    mémoire,
Hélas ! vous abjurez la criminelle gloire
    De vos dramatiques succès . . .

EPITAPHE
DE M. JEAN RACINE,
Par M. TRONCHON.

HIc jacet Jo-
HANNES RACINE,
Franciæ Quæstor,
Regi à Secretis
atque à cubiculo,
unusque è XL Gal-
licanæ Academiæ
viris, sanctè pièque

CI gît Messire JEAN
RACINE, Trésorier de
France, Secrétaire du
Roi, Gentilhomme ordi-
naire de Sa Majesté, &
l'un des Quarante Aca-
démiciens de l'Académie
Françoise. Ayant reçu

une éducation toute ſainte, il ſe relâcha trop tôt, hélas ! de ſa premiere charité. L'enſorcellement des niaiſeries du monde obſcurcit le bien qui ſe trouvoit en ce jeune homme ; & les paſſions volages de la concupiſcence lui renverſerent l'eſprit. Bientôt devenu ſans peine , mais malheureuſement pour lui , le Prince des Poëtes Tragiques , il fit longtems retentir les Théatres des applaudiſſemens que l'on y donnoit à ſes Piéces. Mais enfin ſe reſſouvenant de l'état d'où il étoit déchû , il en fit pénitence * & rentra dans la pratique de ſes premieres œuvres. Il frémit d'horreur au ſouvenir de tant d'années qu'il ne devoit employer que pour Dieu , & qu'il avoit perdues en ſuivant le monde & ſes plaiſirs. Déteſtant dans l'amertume de ſon cœur les applaudiſſemens

educatus, citiùs heu! charitatem primam reliquit. Faſcinatio enim nugacitatis ſeculi hujuſce juvenis obſcuravit bona , & inconſtantia concupiſcentiæ tranſvertit ſenſum illius. Inter Tragicos Poëtas mox facilè ſed miſerè Princeps, varia tragœdiarum argumenta plaudentibus Theatris diù tractavit. At memor tandem undè exciderat , egit pænitentiam , & prima opera fecit ; tot annos uni Deo debitos, uni ſeculo ejuſque inſumptos voluptatibus exhorruit : profanos quos malè meruit plauſus amarè flevit , publicâque repuliſſet deteſtatione , ſi licuiſſet. Aulæ jam non cupiditate addictus , ſed vitæ negotiorumque

---

* Il n'avoit alors que trente - huit ans.

ratione, indè omnia pietatis & religionis officia eò studiosiùs coluit, quò non semper coluisse magis eum pænituit. A Ludovico Magno selectus, qui res eo regnante præclarè ac mirabiliter gestas perscriberet, huic intentus operi diem clausit extremum xi. Kal. M..ii anno Domini 1699, ætat. 59. magnumque amicis, nonnullis Regni Primoribus, ipsi etiam Regi reliquit sui desiderium. Fecit modestia ejus & præcipua in hanc Portûs-Regii Domum benevolentia, ut in isto cæmeterio piè magis quàm magnificè sepeliri vellet.

profanes qu'il ne s'étoit attirés qu'en offensant Dieu, il en auroit fait une pénitence publique, s'il lui eût été permis. N'étant plus retenu à la Cour que par l'engagement de ses charges, & non par aucune passion, il s'appliqua aux devoirs de la piété & de la Religion avec d'autant plus de soin, qu'il avoit plus de douleur de n'y avoir pas été toujours fidele. Comme il travailloit à l'histoire du regne de Louis le Grand, qui l'avoit choisi pour l'écrire, il mourut le 21 Avril 1699 âgé de 59 ans, & fut extrémement regretté de ses amis, de quelques Seigneurs du Royaume, & du Roi même. Sa modestie & son affection particuliere envers cette Maison de Port-Royal, lui firent souhaiter d'être

inhumé dans ce Cimetiere, plutôt avec les marques d'une humble piété qu'avec pompe.

Tu lacrymas pænitentiæ illius præcibus tuis, viator juva.

Passant, joignez vos prieres aux larmes de sa pénitence.

X x v

La piété de ce célebre Poëte eſt bien caractériſée par l'épanchement de ſon cœur ſur la Religion dans ſes Lettres à ſon fils.

« Je veux, lui diſoit-il (1), me flatter
» que faiſant votre poſſible pour de-
» venir un parfait honnête homme,
» vous concevrez qu'on ne peut l'être
» ſans rendre à Dieu ce qu'on lui
» doit. Vous connoiſſez la Religion;
» je puis même dire que vous la con-
» noiſſez belle & noble comme elle
» eſt : ainſi il n'eſt pas poſſible que
» vous ne l'aimiez. Pardonnez ſi je
» vous mets quelquefois ſur ce cha-
» pitre: vous ſavez combien elle me
» tient à cœur, & je puis vous aſſu-
» rer que plus je vais en avant, plus
» je trouve qu'il n'y a rien de ſi doux
» au monde, pour le repos de la conſ-
» cience, que de regarder Dieu com-
» me un pere qui ne nous manquera
» pas dans nos beſoins. M. *Deſpreaux*,
» que vous aimez tant, eſt plus que
» jamais dans ces ſentimens, ſur-tout

(1) Page 353 du Recueil des Lettres de *Boileau* & de *Racine.*

» depuis qu'il a fait fon Epître fur
» l'amour de Dieu. Et je puis vous
» affurer qu'il eft très-bien perfuadé
» lui-même des vérités dont il a voulu
» perfuader les autres. »

Ce témoignage prouve que *Def-*
preaux ne tenoit à la Tragédie & à la
Comédie que comme les Littérateurs
fenfés y tiennent. Il les regardoit auffi
indifférentes en elles-mêmes que le
Sonnet, l'Ode, &c. Mais il défapprou-
voit nos jeux fcéniques, tels qu'ils
étoient de fon tems, & par conféquent
il auroit encore plus réprouvé ceux de
notre fiecle. Il s'explique à cet égard
dans une de fes Lettres. « Attaquez,
» dit-il (1), nos Tragédies & nos Comé-
» dies, puifqu'elles font ordinairement
» fort vicieufes. Je vous abandonne
» le Comédien, & la plûpart de nos
» Poëtes, & même M. *Racine*, en plu-
» fieurs de fes pieces. Mais n'attaquez
» pas la Tragédie & la Comédie en
» général. » Cette réferve en faveur
de l'art ne juftifie pas nos Théatres,

(1) Page 160 du Recueil des Lettres de
Boileau & de *Jean Racine.*

X x vj

dont la contagion a toujours été re-
doutée. *Despreaux* nous en fournit
une preuve dans une de ses Lettres à
Racine (1), où il l'informoit que les
Comédiens étoient obligés de délo-
ger de la rue *Guenégaud*. « Messieurs
» de Sorbone, y est-il dit, en accep-
» tant le Collége des quatre Nations,
» ont demandé pour premiere condi-
» tion qu'on éloignàt du Collége le
» Théatre de la Comédie. Les Co-
» médiens ont déjà marchandé des
» places dans cinq à six endroits, mais
» par-tout où ils vont, c'est merveille
» d'entendre comme les Curés crient.
» Le Curé de S. Germain de l'Auxer-
» rois a déjà obtenu qu'ils ne seroient
» pas à l'hôtel de Sourdis.... Enfin
» ils en sont à la rue de Savoie dans
» la Paroisse de S. André. Le Curé
» a été aussi au Roi lui représenter
» que si les Comédiens y viennent, son
» Eglise seroit déserte. Les grands Au-
» gustins ont aussi été au Roi, & le
» *P. Lembrochont*, Provincial, a porté

(1) Pages 110, 115, &c. des Lettres de
Boileau & de *Jean Racine.*

» la parole..... L'allarme est grande
» dans le quartier. Tous les Bourgeois,
» qui font gens de Palais, s'y oppo-
» fent.... S'il y a quelque malheur
» dont on puiſſe ſe réjouir, c'eſt à mon
» avis de celui des Comédiens. Si l'on
» continue à les traiter comme on a
» fait, il faudra qu'ils s'aillent établir
» entre la Villette & la porte Saint
» Martin, encore ne ſçai-je s'ils n'au-
» ront pas ſur les bras le Curé de S.
» Laurent. »

Enfin leur Théatre fut placé au Fauxbourg S. Germain, dans la rue des Foſſés M. le Prince, qui fut enſuite appellée rue *de la Comédie*.

Le Curé de S. Sulpice qui n'avoit pu éviter d'avoir ce Théatre dans le territoire de ſa Paroiſſe, fit une eſpece de proteſtation publique, en ne vou-lant pas que la Proceſſion du Saint-Sacrement continuât de paſſer dans cette rue.

Si l'on objectoit qu'il n'en eſt point par-tout uſé de même : on auroit à répondre que dans des objets de diſ-cipline on reçoit la Loi des circonſtances & des égards que certaines conſidérations exigent , ſans qu'on puiſſe en inférer rien de contraire à l'eſprit des bonnes régles.

Reſpice , quid moneant leges quid curia mandet.
Conſiderez ce que les Loix preſcrivent.
Juv. lib. 2 *, Sat. 6.*

LA Juriſprudence fournit une multitude d'Ordonnances & d'Arrêts concernant les Spectacles , ſoit pour les ſupprimer, ſoit pour en réformer la licence.

On peut conſulter à ce ſujet un Livre utile , qui a paru à Paris chez *Humblot* en 1770, ſous ce titre :

CODE DE LA RELIGION & des Mœurs, ou Recueil des principales Ordonnances depuis l'établiſſement de la Monarchie Françoiſe , concernant la Religion & les Mœurs, par M. l'Abbé *Meuſy*, Prêtre du Diocèſe de Beſançon, 2 vol. *in-*12.

Ce Recueil ſur les deux reſſorts les plus précieux d'un gouvernement fixe & ftable, a été annoncé par M. de Querlon (1) comme une *expofition abrégée de la Religion de l'Etat,* ou comme la *profeffion de Foi nationale.*

On y voit, comme M. *Meufy* le dit dans la Préface, que *depuis l'établiffement de la Monarchie en France, la Religion & la vertu ont toujours trouvé dans nos Rois des protecteurs, des défenfeurs, & les mœurs des Cenfeurs & des Juges.*

La légiflation femble avoir tout prévu; il n'y a point d'abus qu'on ne pût réprimer en réveillant quelques Loix tombées en défuétude : *Lex Julia dormis.* En effet, combien, par exemple, n'y a-t-il pas de Loix fomptuaires pour arrêter les progrès du luxe, qu'on appelle, avec raifon, *une fiévre politique,* qui donne aux Etats, travaillés de ce funefte mal, un faux éclat, une vigueur paffagere fuivis tôt ou tard d'un épuifement réel !

M. *Meufy* n'a pas omis l'article des Spectacles. On trouve dans le

(1) Feuille Hebd. des Prov. du 5 Sep. 1770.

ſecond tome de ſon Recueil un Chapitre qui contient à ce ſujet pluſieurs
extraits d'Ordonnances & d'Arrêts.
Ces ſortes de divertiſſemens ont mé-
rité l'attention de tous les bons gou-
vernemens, & ils ont toujours été
regardés comme incompatibles avec
l'exercice véritable de la Religion
Chrétienne. C'eſt pour cette raiſon
qu'ils ſont au moins défendus dans les
tems plus particuliérement conſacrés
au culte Divin, & à la célébration
des ſaints Myſteres.

Cette police eſt obſervée dans tous
les Etats Chrétiens avec plus ou
moins de rigueur. M. l'Abbé *Meuſy* a
donné ſur cet objet une notice d'un
Réglement que l'illuſtre Impératrice
Elisabeth, Reine de Hongrie, fit
pour ſes Etats en 1754. « Les Comé-
» dies, Opéra, Concerts, & autres
» Spectacles publics y ſont défendus,
» 1°. tous les Vendredis de l'année ;
» 2°. dans l'Avent, à commencer au
» 14 Décembre ; 3°. le jour de Noël,
» le jour des Rois, tout le Carême,
» le jour de Pâques, les jours des

» Rogations ; 4°. les jours de la Pen-
» tecôte, de la Trinité, toute l'Octave
» de la Fête-Dieu ; 5°. les Fêtes de
» la Sainte Vierge & leurs Veilles,
» quand même ces dernieres ne fe-
» roient point fêtées ; 6°. les jours des
» Quatre-Temps, le jour de la Touf-
» faint, celui des Trépaffés ; 7°. le
» premier Octobre & le 14 Novem-
» bre, jour anniverfaire de la naiffan-
» ce & du nom, c'eft-à-dire, du Bap-
» tême de l'Empereur *Charles VI.* Le
» 28 Août & le 19 Novembre, jour
» de la naiffance & du nom de l'Im-
» pératrice *Elifabeth,* & le 20 Octo-
» bre jour de la mort de l'Empereur
» *Charles VI.* »

Voici une des réflexions de M.
l'Abbé *Meufy* fur les Spectacles : « Les
» Apologiftes du Théatre ne font pas
» d'honneur à leur efprit, peut-être
» même à leurs mœurs, quand ils en
» prennent la défenfe. Ils convien-
» nent eux-mêmes de la néceffité de
» réformer le Théatre, & conféquem-
» ment ils le condamnent, & il fera
» condamnable tant qu'il fera dans

» l'état actuel ». *Code de la Religion &*
des Mœurs , tom. 2.

Il n'eſt pas douteux que M. l'Abbé
Meuſy reconnoît que· la licence &
la multiplicité de nos Spectacles dé-
montrent qu'on eſt bien éloigné de
ſe réformer ſur cet objet. Comment
en effet y parviendroit-on , lorſque le
plus grand nombre prétend avec M.
le Gendre de Saint-Aubin (1) «que c'eſt
» à tort qu'on a reproché à nos Poëtes
» tragiques d'avoir amolli la ſcene &
» abaiſſé la Tragédie , en rapportant
» toute l'action du Théatre à l'amour;
» que les Poëtes en cela ont ſuivi une
» voie plus ſûre pour aller au cœur ,
» qu'ils ont mieux connu que les Tra-
» giques anciens ? »

Cette opinion de M. *de Saint-Aubin*
eſt établie ſur le mauvais goût de notre Nation , dont la paſſion exceſſive
pour les jeux de Théatres, a donné
lieu à M. l'Abbé *Richard* de rapporter
dans ſon Voyage d'Italie , tome 5,

______

(1) Dans le premier Livre de ſon Traité de
l'opinion, chap. 5 de la Poéſie, p. 219.

les deux Vers fuivans d'un Poëte anonime :

Mais au François plus que Romain
Le Spectacle fuffit fans pain.

Jamque eadem fummis pariter minimifque libido.

Juven. lib. 2, Sal. 6.

C'eft pour réprimer un accès outré de cette paffion épidémique que le Parlement de Paris a donné l'Arrêt qui fuit, & dont on a ci-devant parlé page 163. Il fera précédé des extraits des Réquifitoires de Meffieurs *Joli de Fleury & Séguier,* des vingt-cinq Janvier 1759 & dix-huit Août 1770, dont il a auffi été ci-devant parlé page 557. La licence des mauvais écrits a fait tant de progrès, que les Magiftrats ont été forcés de dire avec S. *Auguftin :* « Empreffons-nous de réprimer des excès que nous avons dû prévoir. *Sed nos tardiores vel experti corrigamus quod providere debuimus.* »

EXTRAIT du Réquisitoire de M. Joli de Fleury, *du 25 Janvier* 1759. (1)

LA Société, l'Etat & la Religion se présentent aujourd'hui au Tribunal de la Justice pour lui porter leurs plaintes. Leurs droits sont violés ; leurs Loix sont méconnues ; l'impiété qui marche le front levé paroît, en les offensant, promettre l'impunité à la licence qui s'accrédite de jour en jour.

L'humanité frémit, le Citoyen est allarmé ; on entend de tous côtés les Ministres de l'Eglise gémir à la vue de tant d'Ouvrages que l'on ne peut

(1) Ce Réquisitoire est imprimé avec l'Arrêt du 23 Janvier 1759, pour la condamnation des Ouvrages suivans, intitulés : *De l'Esprit, le Pyrrhonisme du Sage, la Philosophie du bon Sens, la Religion naturelle, Lettres semi-philosophiques, Etrennes des Esprits forts, Lettre au R. P.* Bertier *sur le Matérialisme, Encyclopédie ou Dictionnaire raisonné des Sciences & des Arts & Métiers,* publié par MM. Diderot & Dalembert.

affecter de répandre & de multiplier, que pour ébranler, s'il étoit possible, les fondemens de notre Religion.

Il suffiroit d'être homme & Citoyen pour être sensible à tous ces maux : Mais vous, Messieurs, Magistrats & Chrétiens, défenseurs des Loix & protecteurs de la Religion, de quel œil regarderez - vous des tentatives aussi téméraires ? . . . .

Qu'il est triste pour nous de penser au jugement que la postérité portera de notre siécle en parlant de ces Ouvrages qu'il produit. . . . .

Telle est la philosophie des faux Sçavans de notre siécle. Ils se donnent gratuitement le nom d'esprits forts, & appellent lumiere ce qui n'est que ténebres.

Comment des hommes que l'on croit si profonds & d'un génie si distingué des autres, ignorent-ils jusqu'à la définition de l'*esprit fort* ? Qui établit en effet la véritable force de l'esprit, ne sont-ce pas les principes, les témoignages, les autorités sur lesquelles il se fonde, les vertus que lui mé-

rite le bon uſage qu'il fait des lumieres que lui accorde le *Dieu qui eſt le
Seigneur de toutes les Sciences?* [1. Liv.
des Rois, ch. 2, v. 3,]

Un eſprit véritablement fort, eſt
un eſprit éclairé par la lumiere ſupé-
rieure, & qui connoît la vérité par des
principes certains. Soutenu au-dehors
par des témoignages qu'on ne peut
récuſer, jamais le déréglement des
paſſions ne l'affecte, ni influe ſur ſes
connoiſſances & ſes jugemens. Le
fidele ſeul poſſede cette force d'eſprit,
l'erreur & l'aveuglement ſont le partage de l'incrédule guidé par ſon ſens
particulier & par ſa foible raiſon.

L'eſprit docile, dit un Auteur célebre [la Bruyere], *admet la vraie Religion, & l'eſprit foible, ou n'en admet
aucune ou en admet une fauſſe : or l'eſprit
fort ou n'a point de Religion, ou ſe fait
une Religion ; donc l'eſprit fort, c'eſt
l'eſprit foible....* La conſéquence eſt
juſte ; quelle plus grande foibleſſe que
de vouloir être ſans certitude ſur le
principe de ſon être, de ſa vie, de ſes
ſens, de ſes connoiſſances, de la na-

ture & de la deftination de fon ame?
L'idée d'un premier Être parfait, éternel, de qui tous les autres tiennent
leur exiftence, à qui tout fe rapporte, qui nous a faits à fon image, cette
idée ne prouve-t-elle pas plus de force
& de nobleffe dans l'homme qui l'a-
dopte, qui la croit, & qui la prend
pour la régle & le terme de fes actions ? . . . .

Dieu eft vifible dans tous fes Ouvrages.... *La lumiere de fon vifage eft
gravée fur nous* [Pf. 4, v. 7.]. Nous
portons en nous-mêmes les caracteres
ineffaçables de fa divinité & les gages
précieux des biens éternels qu'il nous
deftine. *L'infenfé a dit dans fon cœur,
il n'y a point de Dieu* [Pf. 52, v. 1.].
Mais fon ame naturellement chrétienne, dépofe fouvent malgré lui en faveur de la vérité de cet Etre fuprême,
dont l'exiftence renferme celle d'une
Religion. C'eft contre cette Religion
que nos Philofophes s'élevent; ils ont
formé une forte de ligue pour la faire
difparoître du milieu de nous, pour
infpirer l'indépendance & nourir la
corruption des mœurs.

Eh ! quel mal leur a fait cette Religion sainte pour exciter leur fureur ? Si ses dogmes, ses cérémonies & sa morale les offensent, s'ils ne peuvent en être les disciples, pourquoi troubler l'Etat & vouloir disputer aux autres la liberté de suivre les maximes de la Catholicité ?

Ils déchirent le sein de l'Eglise qui les a adoptés pour ses enfans ; & comme si l'Etat étoit coupable à leurs yeux, parce qu'il est Chrétien, ils conjurent la perte de l'un & de l'autre, & cherchent à les sapper par les fondemens.

Enfans ingrats & rebelles, ils méconnoissent l'*Auteur de tous les dons* ; & semblables à ces insensés dont parle un Ecrivain sacré [Job. c. 21, v. 14.] : *Retirez-vous de nous,* lui disent-ils, *nous n'avons pas besoin de vos lumieres. Nous ne connoissons ni vos promesses, ni vos miracles.* Dans cette folle présomption, ils sont comme dans une sorte de délire, & *marchent en plein jour comme des aveugles au milieu des ténebres.* [Deut. ch. 28, v. 28-29.]

Tel

Tel sera dans tous les tems le sort des Ecrivains profanes qui refuseront de subordonner la science des mœurs à celle de la Religion. Le caractere de la vraie philosophie est de terminer les siennes par des accroissemens de sainteté & d'amour envers l'Etre suprême : celle de la fausse philosophie est de terminer les siennes par des systêmes impies, par un accroissement de présomption & d'ignorance, & de rendre le Philosophe vain, plus superbe & plus aveugle qu'il n'étoit avant ses recherches.

Des hommes qui abusent du nom de Philosophe pour se déclarer par leurs systêmes les ennemis de la Société, de l'Etat & de la Religion, sont sans doute des Ecrivains qui méritent que la Cour exerce contr'eux toute la sévérité de la puissance que le Prince lui confie, & le bien de la Religion l'exige de l'attachement de tous les Magistrats à ses Dogmes & à sa Morale.

Vos Prédécesseurs, Messieurs, ont condamné aux supplices les plus af-

freux, comme criminels de léze-Majeſ-
té divine, des Auteurs (1) qui avoient
compoſé des Vers contre *l'honneur
de Dieu, ſon Egliſe & l'honnêteté publique*; ils ont même déclaré ſoumis
à la peine des accuſés ceux qui s'en
trouveroient ſaiſis, & les Libraires
furent décrétés de priſe de corps &
pourſuivis ſuivant la rigueur des Ordonnances.

---

*EXTRAIT du Réquiſitoire de
M. Séguier, du 18 Août 1770 (2),
imprimé par ordre exprès du Roi.*

JUſques à quand abuſera-t-on de
notre patience ? s'écrioit l'Orateur

(1) Voyez entr'autre l'Arrêt du 19 Août
1623, contre *Théophile, Bertelot*, &c.

(2) Pour la condamnation de ſept Ouvrages
impies ; ſçavoir, *La Contagion ſacrée, Dieu
& les hommes, Diſcours ſur les Miracles de
Jeſus-Chriſt, Examen critique des Apologiſtes
de la Religion Chrétienne par M. Freret, Examen impartial des principales Religions du monde,
le Chriſtianiſme dévoilé & le Syſtême de la
Nature.* L'Arrêt du Parlement intervenu ſur
ce Réquiſitoire le 18 Août 1770, a condamné
tous ces Ouvrages à être brûlés.

Romain, dans un tems où la République, exposée à toutes les fureurs d'une faction prête à éclater, comptoit au nombre des Conjurés les Citoyens les plus illustres, mêlés avec la plus vile populace.

Ne pouvons-nous pas aujourd'hui adreſſer les mêmes paroles aux Ecrivains de ce ſiécle, à la vue de cette eſpece de confédération, qui réunit preſque tous les Auteurs, en tout genre, contre la Religion & le Gouvernement ? Il n'eſt plus poſſible de ſe le diſſimuler : cette ligue criminelle a trahi elle-même ſon ſecret. Son but principal eſt de détruire l'harmonie établie entre tous les ordres de l'Etat, & maintenue par la relation intime qui a toujours ſubſiſté entre la Doctrine de l'Egliſe & les Loix politiques. . . .

Depuis l'extirpation des héréſies qui ont troublé la paix de l'Egliſe, on a vu ſortir des ténebres un ſyſtême plus dangéreux par ſes conſéquences que ces anciennes erreurs, toujours diſſipées à meſure qu'elles ſe ſont reproduites. Il s'eſt élevé au milieu de nous une ſecte impie & audacieuſe. Elle a décoré ſa fauſſe ſageſſe du nom de philoſophie ; ſous ce titre impoſant, elle a prétendu poſſéder toutes les connoiſſances. Ses partiſans ſe ſont élevés en précepteurs du genre humain. *Liberté de penſer,* voilà leur cri ; & ce cri s'eſt fait entendre d'une extrêmité du monde à l'autre. D'une main, ils ont tenté d'ébranler le Trône; de l'autre, ils ont voulu renverſer les Autels. Leur objet étoit d'éteindre la croyance, de faire prendre un autre cours aux eſprits ſur les inſtitutions religieuſes & civiles, & la révolution s'eſt, pour ainſi dire, opérée. ... Ils ſe ſont acharnés à déraciner la foi, à corrompre l'innocence & à étouffer dans les ames tout ſentiment de vertu.

Ceux qui étoient le plus faits pour éclairer leurs contemporains, ſe ſont mis à la tête des incrédules : ils ont déployé l'étendard de la révolte, &, par cet eſprit d'indépendance, ils ont cru ajouter à leur célébrité. Une foule

d'Ecrivains obfcurs, ne pouvant s'il-
luftrer par l'éclat même des talens, a
fait paroître la même audace ; & ils
n'ont dû leur réputation qu'à la licence de leurs Ecrits & au funefte appareil du Pyrrhonifme qu'ils ont préfenté.

Tantôt ils ont fait de l'irréligion le
fonds même de leurs Ouvrages ; tantôt
ils l'ont mêlée dans des Ecrits obfcènes
& voluptueux, comme pour l'infinuer
dans l'efprit de la jeuneffe, avec le
charme des peintures lafcives, & pour
faire tourner au profit de l'impiété le
défordre même qu'ils portoient dans
les fens.

Les cœurs purs, les ames honnêtes
ont été attirés par des maximes infi-
dieufes qui fembloient dictées par la
bienfaifance ; & la droiture de leurs
fentimens leur a fait illufion fur des
principes d'autant plus dangéreux,
qu'ils paroiffoient tendre au bonheur
de l'humanité.

Avec les efprits graves, on a pris
le ton de la méthode & de la réflexion.
On a préfenté des Ecrits légers &

agréables aux efprits frivoles & fuper-
ficiels. On a femé des doutes, que le
fimple n'étoit pas en état de réfoudre ;
& le ridicule a achevé d'entraîner
ceux que les faux raifonnemens n'a-
voient pu perfuader.

Cette fecte dangéreufe a employé
toutes les reffources ; & pour étendre
la corruption, elle a empoifonné,
pour ainfi dire, les fources publiques.
Eloquence, Poéfie, Hiftoire, Romans, jufqu'aux Dictionnaires, tout a
été infecté ; & NOS THÉATRES EUX-
MESMES ONT RENFORCÉ CES MAXI-
MES PERNICIEUSES, DONT LE POISON
ACQUÉROIT UN NOUVEAU DEGRÉ
D'ACTIVITÉ SUR L'ESPRIT NATIO-
NAL, PAR L'AFFLUENCE DES SPEC-
TATEURS ET L'ÉNERGIE DE L'IMI-
TATION. Enfin la Religion compte
aujourd'hui prefqu'autant d'ennemis
déclarés, que la Littérature fe glorifie
d'avoir formé de prétendus Philofophes ; & le Gouvernement doit trem-
bler, de tolérer dans fon fein une
fecte ardente d'incrédules, qui femble
ne chercher qu'à foulever les peuples
fous prétexte de les éclairer,

Nous n'ignorons pas à quelle haine nous nous exposons, en osant déférer aux Magistrats une cabale aussi entreprenante qu'elle est nombreuse. Mais quelque risque qu'il puisse y avoir à se déclarer contre ces Apôtres de la tolérance, les plus intolérans des hommes, dès qu'on se refuse à leurs opinions : nous remplirons le ministere qui nous est confié, avec l'intrépidité que donnent la défense de la vérité & l'amour du bien public. . . .

Non, il ne nous est plus permis de garder le silence sur ce déluge d'Ecrits que l'irréligion & le mépris des Loix ont répandus depuis quelques années. . . . L'impiété féconde les esprits, elle fait lever chaque jour des semences nouvelles, non moins pernicieuses que les premieres, & toujours répandues avec la même impunité. Elle dédaigne déja la précaution de s'envelopper sous des voiles ; ses blasphêmes éclatent, les dépôts d'irréligion font dans toutes les mains, on les met à plus haut prix pour exciter la curiosité, & leur donner plus d'importance & plus d'attrait. Les femmes elles mêmes s'initient à ces connoissances d'impiété ou de septicisme ; & négligeant les devoirs qui leur sont propres, & qu'elles seules peuvent remplir, elles passent une vie oisive dans la méditation de ces Ouvrages scandaleux.

A peine sont-ils devenus publics dans la Capitale, qu'ils se répandent comme un torrent dans les Provinces, & dévastent tout sur leur passage. Il est peu d'asyles qui soient exempts de la contagion ; elle a pénétré dans les attéliers & jusques sous les chaumieres : bientôt plus de foi, plus de religion & plus de mœurs : l'innocence primitive s'est altérée ; le souffle brûlant de l'impiété a desséché les ames & a consumé la vertu. Le peuple étoit pauvre, mais consolé ; il est maintenant accablé de ses travaux & de ses doutes. Il anticipoit par l'espérance sur une vie meilleure ; il est surchargé des peines de son état, & ne voit plus de terme à sa misere que la mort & l'anéantissement. . . .

S'il n'étoit que des esprits nes droits & bons, incapables d'être séduits par les sophismes, nous aurions peut-être gardé le silence sur des *Ecrits* aussi monstrueux.... Mais les esprits qui ont leur sauve-garde en eux mêmes sont trop rares, les passions dont la plûpart des hommes sont le jouet ; leur ignorance ou leur foiblesse, l'indépendance même qu'on a voulu leur inspirer, & à laquelle ils ne font que trop enclins, tout les entraîneroit en foule dans l'abyme caché dont l'impiété leur applanit la pente.

Dans la situation actuelle, une sévérité salutaire peut seule remédier à la témérité des Auteurs, à la frénésie d'une secte dangéreuse, à l'avidité même des Imprimeurs, & à la fermentation qui se renouvelle sans cesse dans les esprits... Quelques menaces que puisse faire l'impiété, elle ne trouvera qu'un ennemi redoutable & vigilant dans le corps dépositaire des Loix. Rien ne pourra suspendre le cours de la Justice. Le poison des nouveautés profanes ne peut corrompre la ſainte gravité de mœurs qui caractériſe les vrais Magiſtrats. Tout peut changer autour d'eux, ils reſtent immuables avec la Loi.

Dans ces Réquiſitoires, comme le dit M. de *Querlon* en rendant compte de celui de M. *Seguier* (1), « on re-
» connoît le caractere des Magiſtrats
» publics chargés de la cenſure des
» mœurs, obligés conſéquemment
» par état d'avoir ſans ceſſe les yeux
» ouverts ſur tout ce qui pourroit les
» corrompre & troubler l'ordre civil.
» Ils ne peuvent donc rien diſſimuler.
» Il faut qu'ils éclatent, qu'ils tonnent,
» qu'ils dénoncent avec courage,
» avec force, ſans aucun de ces mé-
» nagemens inconnus dans les Tribu-
» naux de Juſtice, & que l'intérêt pu-
» blic ne comporte point, tous les
» abus, tous les excès qu'il importe
» de réprimer. »

L'Arrêt intervenu ſur le Réquiſi-
toire de M. *Séguier* en a auſſi ſuivi les conclusions ſur la néceſſité « de pren-
» dre les meſures les plus efficaces
» pour arrêter la contagion, décon-

(1) Dans la Feuille du 10 Septembre 1770.

» certer les progrès de cette faulle &
» altiere philofophie, qui ne veut
» s'emparer des efprits que pour les
» mouvoir à fon gré, qui ne cherche
» à les inftruire que pour les égarer,
» & qui ne réclame la liberté de pen-
» fer que pour s'affranchir de toute
» dépendance civile & politique. »

Ces vices de l'incrédulité font bien expofés & combattus dans l'Inftruction Paftorale, que le CLERGÉ DE FRANCE affemblé à Paris en 1770, a donnée fous le titre d'*Avertiffement aux Fideles du Royaume.*

Un peu de philofophie, dit Bacon, peut éloigner de Dieu, mais une connoif-fance approfondie ramene à la Religion. Les Incrédules ne font donc que de faux Philofophes, puifqu'ils font difcordans entr'eux fur la nature de Dieu, de l'ame humaine & du monde. Il n'eft pas d'Artifan, Chrétien, qui, fur ces objets, ne foit meilleur Philofophe qu'eux, puifqu'il connoît Dieu, & qu'il peut le faire connoître aux autres, *Deum quilibet opifex Chriftianus & invenit & oftendit.* Tertul. Apolog. c. 46.

ARREST

DU PARLEMENT,

Du 22 Avril 1761.

CE jour, les Gens du Roi font en-
trés, & Mᵉ Omer Joly de Fleury,
Avocat dudit Seigneur Roi, portant
la parole, ont dit :

Que Mᵉ Etienne-Adrien Dains,
Bâtonnier des Avocats, demandoit
d'être entendu.

Lui mandé & entré avec plufieurs
anciens Avocats, ayant paffé au
Banc du Barreau, du côté du Greffe,
a dit :

MESSIEURS,

La difcipline de notre Ordre,
l'honneur de notre profeffion, notre
attachement aux véritables maximes,
& notre zèle pour la Religion, ne
nous ont pas permis de garder le

filence, ni de demeurer dans l'inac-
tion au fujet d'un Livre pernicieux ,
qui a pour titre : *Libertés de la Fran-*
ce contre le pouvoir arbitraire de l'Ex-
communication , & qui eft terminé par
une Confultation fignée, *Huerne de*
la Mothe.

A cette fignature eft ajouté (contre l'ufage ordinaire) la qualité d'*A-*
vocat au Parlement : il en a abufé
pour parvenir à faire imprimer un
Ouvrage fcandaleux , dont l'approbation & la permiffion lui avoient
été refufées.

La queftion touchant l'Excommunication encourue *par le feul fait d'Ac-*
teur de la Comédie (1) , fur laquelle
il appartient également au Théologien & au Jurifconfulte de donner
fon avis (mais qui doit être traité
par l'un ou par l'autre avec autant
de fageffe que de lumieres ;) cette
queftion, difons-nous, eft foutenue
affirmativement & décidée audacieu-
fement en faveur des Comédiens par
la Confultation, fondée uniquement

(1) Page premiere du Mémoire à confulter.

ſur les faux principes avancés dans deux Mémoires à conſulter, & ſur des maximes odieuſes, hazardées dans les autres pieces qui la précédent, notamment dans ſa Lettre à l'Actrice, conçue en termes les plus outrés & les plus ſcandaleux : l'uniformité du ſtyle, la répétition fréquente d'expreſſions ſingulieres, l'adoption des mêmes idées à ſa propre Lettre, ſont connoître évidemment que le tout eſt l'Ouvrage du même homme, ſuivant qu'il en a été convaincu dans la premiere aſſemblée.

Du moins il a avoué avoir vu & retouché les Mémoires à conſulter, & autres Pieces, avoir écrit le tout de ſa main, avoir corrigé les épreuves.

Enfin, il a ratifié le tout, en le faiſant imprimer ſur ſa minute reſtée à l'Imprimeur & ſous ſa ſignature, ſans en rien improuver dans ſa Conſultation.

Par ce détour artificieux, l'Auteur s'eſt donné la coupable licence de hazarder les propoſitions les plus contraires à la Religion & aux bonnes

mœurs, & de confondre la nature &
les bornes des deux Puissances.

Il n'y a, Messieurs, aucune de ces
Pieces où il n'y ait du venin; nous
oserions même assurer qu'à chaque
page, pour ainsi dire, il y a des propos indécens, ou des erreurs, ou des
impiétés : j'en citerai seulement quelques traits.

On annonce que l'Ouvrage est
fait (1) *pour tous les Citoyens qui en ont
besoin si souvent, sur-tout dans ces temps de
nuage & d'obscurité que les contestations
du Clergé élevent fréquemment contre la
liberté du Citoyen fidele, en le rendant
esclave d'une domination arbitraire.*

Le début audacieux découvre l'application fausse & injurieuse qu'on
entend faire de ce qui sera établi dans
tout l'Ouvrage au sujet de l'excommunication contre les Comédiens.

En abusant de maximes sages (2),
& en confondant les objets, on atta-
que l'autorité de l'Eglise, & fait injure à celle du Souverain.

(1) Page premiere de l'Avis de l'Editeur.
(2) Page 25 du second Mémoire.

On aſſure que la Conſultation renferme en peu de mots la certitude des
principes de l'Auteur du Mémoire (1),
& qu'elle couronne le zèle d'une Actrice,
digne de l'éloge de l'Egliſe même.

On ajoute: *elle ne trouve de vraie*
gloire (2), qu'à répandre dans le Sanc-
tuaire de la Religion qu'elle profeſſe,
celle que la France lui défere.

Il y a plus: *la Nation (3) & la Re-*
ligion doivent à l'envie, former l'éloge
de cette femme forte, qui ſeule prend en
main la defenſe du Citoyen fidele.

Elle nous fait voir (4), dit-on, que
c'eſt depuis peu ſeulement, que les Mi-
niſtres de l'Egliſe uſent envers elle &
ſa ſociété d'une autorité arbitraire.

Enfin, on tire une fauſſe conſéquence de cette maxime vraie en
matiere criminelle, ***non bis in idem:***
« Si l'Acteur & l'Auteur ſont infa-
» mes, dit-on, dans l'ordre des Loix,
» il réſulte de cette peine d'infamie,

(1) Pag. 12 de l'avis de l'Editeur.
(2) Pag. 13.
(3) Ibid.
(4) Pag. 54. Ibid.

» que la peine de la Loi contre un
» délit, détruit toute autre peine ; par-
» ce que la regle eſt certaine, qu'on
» ne doit jamais punir deux fois pour
» le même délit. »

Aiñſi l'infamie prononcée par la Loi contre les Comédiens, les met-troit à couvert de l'excommunica-tion de la part de l'Egliſe.

La mémoire du vénérable Prélat (1) qui, pendant nombre d'années, a gouverné ce Diocèſe avec autant de ſageſſe que d'édification, eſt traitée avec mépris, eſt même calomnieuſe-ment offenſée. Son refus du Sacre-ment de Mariage aux Comédiens eſt traité de *ſcandale*, ainſi que celui de la ſépulture de l'Egliſe.

On applaudit (2) *à la nobleſſe des ſentimens de l'Actrice, qui la porte à rompre des fers que les ſeuls préjugés ont pris ſoin de forger.*

On ajoute que *l'Egliſe ne peut que combler d'éloges ſon courage mâle, vrai-*

(1) Pag. 21 du du premier Mémoire, & 196 du ſecond Mémoire.
(2) Page 33.

ment & heroïquement chrétien, qui l'anime à réclamer les droits qui lui ſont acquis, &c.

On annonce (1) qu'elle ne peut manquer de parvenir à établir ſa ſociété en titre d'Académie, & que dès l'inſtant, elle enſevelira pour toujours l'ignominie que l'ignorance & une ſuperſtitieuſe prévention ont élevé contre l'état des Comédiens.

On lui fait eſpérer (2) que l'Egliſe elle-même, bien loin d'autoriſer ſes Miniſtres à uſer d'une autorité arbitraire, s'élevera au contraire contre la ſévérité de ces zèles amers que la charité ne connut jamais.

On invite le Public (3) à lire cet Ouvrage, en aſſurant que *les gens inſtruits feront charmés d'y retrouver leurs principes, & les autres feront charmés de s'y inſtruire.*

Les momens précieux de la Cour ne me permettent pas, Meſſieurs, de faire l'analyſe du ſecond Mémoire à conſulter, contenant deux cens vingt pages. C'eſt une critique indécente

(1) Pag. 31.   (2) Ibid.   (3) Pag. 53.

de tout ce qui condamne la Comédie & frappe fur les Acteurs. Ce n'eſt qu'un tiſſu de propoſitions ſcandaleuſes, de principes erronés, de fauſſes maximes & de propos injurieux à la Religion, contraires aux bonnes mœurs, attentatoires aux deux Puiſſances.

On oppoſe ce qui eſt toléré dans les Etats du Pape par rapport aux Comédiens, aux uſages de l'Egliſe de France à leur égard, qu'on impute au pouvoir indiſcret d'une anarchie effroyable.

On fait la comparaiſon blaſphématoire de la Comédie, non-ſeulement avec les Panégyriques des Saints, dans la Chaire, mais encore avec les cérémonies de l'Egliſe dans la Semaine-Sainte, & à l'uſage de certaines Egliſes où la Paſſion eſt chantée à trois voix.

Outre ces blaſphêmes, les maximes vicieuſes ſur les mœurs ſont pouſſées juſqu'au point de dire que la conduite des Comédiennes qui vivent en *concubinage* avec celui qu'elles aiment, n'eſt pas *déshonorante,* qu'elle eſt ſeulement irréguliere ; que ce concubinage étoit autoriſé chez les Romains, & même dans les premiers ſiecles de l'Egliſe ; qu'elle eſt tolérée dans nos mœurs, & qu'il n'y a que celles qui menent une vie ſcandaleuſe qui doivent être rejettées.

Enfin on dégrade toutes ſortes d'états, à l'exception du militaire, pour mettre les Comédiens au pair & de niveau avec tous les autres Citoyens, Marchands, Avocats, & même avec la Magiſtrature.

Voilà, Meſſieurs, le précis du ſyſtême confus & odieux adopté par la Conſultation. Le tout eſt un ouvrage de ténebres, qui part de la même plume.

La concluſion outrée de la Conſultation, acheve de révolter les eſprits, & d'exciter l'indignation contre le Livre entier & contre l'Auteur.

Le cri public qui s'eſt élevé contre ce Livre, à l'inſtant qu'il a paru, nous a porté à en faire un prompt examen, avec pluſieurs de nos Confreres, & à prendre l'avis de l'Ordre dans

une affemblée générale qui, pour manifefter la pureté de nos fentimens &
la févérité de notre difcipline, a d'une
voix unanime, retranché du nombre
des Avocats, l'Auteur, & m'a chargé
de dénoncer fon Ouvrage à la Cour,
dont le zèle, en matiere de Religion,
de bonnes mœurs & de police publique, fe manifefte en toutes occafions.

Ainfi, Meffieurs, c'eft pour remplir
le vœu de l'Ordre des Avocats, que
j'ai l'honneur de dénoncer à la Cour
le Livre intitulé ; *Libertés de la France
contre le Pouvoir arbitraire de l'Excommunication.*

Ledit Bâtonnier entendu.

Les Gens du Roi, Me Omer Joly
de Fleury, Avocat dudit Seigneur
Roi, portant la parole, ont dit :

Que l'expofé qui vient d'être fait
à la Cour, du Livre intitulé : *Libertés
de la France contre le Pouvoir arbitraire de l'Excommunication,* ne juf-
tifioit que trop la fenfation que fa
diftribution avoit excitée dans le Pu-

blic ; qu'ils ſe ſeroient même em-preſſés de le déférer il y a pluſieurs jours, s'ils n'avoient été inſtruits des meſures que prenoient à ce ſujet ceux qui ſe dévouent ſous les yeux de la Cour, à la profeſſion du Bar-reau ; que leur délicateſſe, leur atta-chement à l'épreuve de tout aux maxi-mes ſaintes de la Religion, & aux Loix de l'Etat, ne leur avoient pas permis de garder le ſilence ; & que dans les ſentimens qu'ils venoient d'exprimer, on y reconnoiſſoit cette pureté, cette tradition d'honneur & de principes, qui diſtinguent ſingu-lierement ce premier Barreau du Royaume.

Qu'ils n'héſitoient pas à requérir que le vœu unanime des Avocats ſur la perſonne de l'Auteur, qu'ils re-jettent de leur ſein, fût confirmé par l'autorité de la Cour, & que le Livre fût flétri.

Que dans ces circonſtances ils croyent donc devoir propoſer à la Cour d'ordonner que le Livre en queſtion ſera lacéré & brûlé par l'Exécuteur de la Haute Juſtice, au pied du grand eſcalier du Palais ; qu'il ſera fait défenſes à tous Imprimeurs, Libraires, Colporteurs ou autres, de l'imprimer, vendre, colporter ou autrement diſtribuer, à peine de punition exemplaire. Que ledit *François-Charles Huerne de la Motthe*, ſera & demeurera rayé du Tableau des Avocats étant au Greffe de la Cour, en date du 9 Mai dernier, & que l'Arrêt qui interviendra ſur leurs préſentes Concluſions, ſera imprimé, lu, publié & affiché par-tout où beſoin ſera.

Eux retirés ;

Examen fait dudit Imprimé, la matiere ſur ce miſe en délibération ;

LA COUR ordonne que le Livre en queſtion ſera lacéré & brûlé par l'Exécuteur de la Haute Juſtice, au pied du grand eſcalier du Palais ; fait défenſes à tous Imprimeurs, Libraires, Colporteurs ou autres, de l'imprimer, vendre, colporter ou autrement diftribuer, à peine de punition exemplaire : ordonne en outre que ledit *François-Charles Huerne de la Motthe*, fera & demeurera rayé du Tableau des Avocats, étant au Greffe de la Cour, en date du neuf Mai dernier ; comme auffi ordonne que le préfent Arrêt fera imprimé, lu, publié & affiché par-tout où befoin fera.

Après quoi le Bâtonnier, accompagné defdits anciens Avocats, étant rentrés, Monfieur le Premier Préfident leur a fait entendre l'Arrêt ci-deffus, & adreffant la parole au Bâtonnier, leur a dit : Qu'ils trouveroient toujours la Cour difpofée à concourir avec eux pour appuyer de fon autorité le zèle dont ils étoient animés pour tout ce qui intéreffe l'ordre public & la difcipline du Barreau. Fait en Parlement le vingt-deux Avril mil fept cent foixant-un. *Signé,* ISABEAU.

Et le vingt-trois Avril audit an mil fept cent foixante-un, à la levée de la Cour, l'Ecrit mentionné en l'Arrêt ci-deffus.

deffus, a été lacéré & brûlé dans la Cour du Palais, &c. Signé, *ISABEAU.*

M. *Huerne de la Mothe* ne devoit pas ignorer l'efprit des Loix fur la profeffion de Comédien. On a fur cette matiere une tradition de Jugemens. En voici un qui étoit récent.

Deux particuliers s'étoient affociés en 1760 pour une entreprife de Spectacles. L'un des deux y renonça par un motif de confcience. L'autre n'y eut aucun égard, & il en réfulta une Inftance judiciaire. M. *Elie de Beaumont,* Avocat, fe chargea de défendre la caufe du dernier, & hazarda de prouver que l'état de Comédien étoit légitime & honnête. Il perdit honteufement fa caufe par le Jugement qui intervint.

L'Arrêt du 9 Décembre 1541, ci-devant cité page 417, fut auffi rendu contradictoirement. On y voit que les Entrepreneurs des Jeux de Théatres eurent la liberté de fe défendre, & que leurs futiles argumens fuccomberent fous le poids des raifons qui leur furent oppofées par M. le *Maiftre.*

†   Z z

qui dans cette cause parla pour **M.** le Procureur Général.

Il est vrai qu'il n'y étoit encore question que de nos *sotties* ou *farces pieuses*, & des premiers rudimens de notre Théatre. Mais lorsqu'après avoir abandonné ces Spectacles *indigènes*, nous avons imité, bien ou mal, le génie soit du Théatre des anciens Grecs & Romains, soit de celui de nos voisins, comme des Italiens, Espagnols, &c. les mœurs n'en ont pas été plus en sûreté.

C'est contre ce nouveau genre de Spectacles que le 10 Décembre 1588, sur le Réquisitoire de **M.** *Antoine Séguier*, alors Avocat Général, il intervint un Arrêt qui défendit à tous Comédiens Italiens & François de jouer des Comédies soit aux jours de fêtes ou ouvrables, *quelque permission qu'ils eussent impétrée ou obtenue.*

Les Comédiens Espagnols éprouverent aussi les mêmes échecs sous *Philippe II & Philippe IV*, qui les chasserent d'Espagne (1). « Ces deux Mo-

(1) Jusgo convenir mas desterrar estas Comedias, como el Catholico Rey Don Phelippe II. lo hizo, &c. *Pedro de Gusman, Discurso 6, §. 8, n. 4.*

» narques, difent *Mariana & Gufman*,
» s'y déterminerent, parce qu'ils re-
» connurent que ce qui eft effentielle-
» ment mauvais dans fon objet, ne
» peut jamais devenir bon. » Tout établiffement en effet qui, comme le dit
Ciceron, eft pernicieux dans fes progrès eft mauvais en naiffant (1).

Art. XLIX. *de l'Arrêt du Parlement de
Paris du 29 Janvier 1765, portant
Réglement pour les Colléges qui ne
dépendent pas de l'Univerfité.*

La diftribution des Prix fe fera
dans chaque Collége à la fin de la
tenue des Claffes, au jour qui fera
réglé par le Bureau ; elle ne pourra
être précédée que d'un Exercice de
Rhétorique ou d'Humanités, fans qu'il
puiffe en aucun cas, conformément
aux Statuts de l'Univerfité de Paris,
être repréfenté dans les Colléges aucune Tragédie ou Comédie.

Philippus IV. Comœdias ab hifpaniæ regnis
hoc anno 1646, ut communem peftem Regio
ablegavit Edicto. *Anton. de Efcob. Mor. tract. 5, c. 4.*
(1) Quæque crefcentia perniciofa funt, eadem
funt vitiofa nafcentia...Qui etiam vitiis modum
apponit, is partem fufcipit vitiorum. *Cic. Tufc. 4.*

EXTRAITS des Statuts de l'Univerſité.

Omnes Collegiorum Præfecti & Modera·ores caveant ne in ſuis Gymnaſiis Satyræ & Declamationes recitentur, aut Tragœdiæ, Comœdiæ, Fabulæ, aut alii Ludi Latini vel Gallici exhibeantur, quibus laſcivia, petulantia, procacitas excitetur. Statut 35.

   « Tous les Principaux & Recteurs
» des Colléges prendront garde qu'on
» ne récite pas dans leurs Ecoles des
» Satyres ou des Déclamations, & qu'on
» n'y repréſente point des Tragédies
» ni des Comédies, ni des Fables, ni
» d'autres jeux, ſoit en Latin, ſoit en
» François, ces ſortes d'Exercices
» étant dangéreux pour les mœurs. »

Ut omnis occaſio tollatur Scholaſticos à ſtudiis avocandi, aut ad nequitiam adducendi, omnes Hiſtriones ab Academiæ finibus migrent, & ultra pontes ablegentur. Ibid. Stat. 29.

   « Afin d'ôter aux Ecoliers toutes
» ſortes d'occaſions qui les pour-
» roient détourner de leurs études &
» les porter au mal, que tous Bateleurs
» Comédiens ſoient chaſſés du quar-
» tier de l'Univerſité, & qu'ils ſoient
» relégués au-delà des ponts.

          » Qu'on liſe,

« Qu'on life, dit M. de *Voifin* (1),
» tous les Ecrits qui nous reftent de
» l'Antiquité touchant les Exercices
» des Ecoliers dans les Colléges, on
» ne trouvera pas que dans les plus
» beaux fiécles de la République
» Romaine on ait exercé les enfans à
» repréfenter des Tragédies & des
» Comédies. »

On fçait que *Néron* porta le dernier
coup aux mœurs, en communiquant
aux jeunes gens fa paffion pour les
Théatres. « De-là, dit *Tacite*, vinrent
» des défordes honteux. Et l'on vit
» jufqu'aux Grands de l'Etat fe dés-
» honorer en montant fur le Théatre,
» fous prétexte de s'exercer à la dé-
» clamation (2). »

(1) Dans fon Ouvrage intitulé : *Défenfe du Traité de M. le Prince* de Conti *contre la Comé-die*, &c. Paris 1671.

(1) Nero inftituit ludos … inde glifcere fla-gitia & infamia … vix artibus honeftis pudor retinetur, nedum, inter certamina vitiorum, pudicitia, aut modeftia, aut quidquam probi moris refervaretur … degenerat juventus & otia & turpes amores exercendo ; & Proceres Romanj fpecie orationum & carminum Scenâ polluuntur. *Annal. Lib.* 14.

Il convenoit donc de défendre d'occuper les enfans à des exercices qui leur donneroient du goût pour des amuſemens qu'un *Tacite* traite de honteux. Il n'eſt que trop ordinaire de s'engager inſenſiblement dans la milice des paſſions, lorſqu'on en étudie le langage, comme on le fait dans les Jeux Scéniques. D'ailleurs, quelle perte de temps dans les Etudes claſſiques n'en réſulte-t-il pas pour les Acteurs des Exercices Dramatiques! Enfin, diſoit M. *du Vair*, on n'envoie pas les Enfans aux Ecoles pour en faire des Comédiens. Auſſi ce grand Magiſtrat, dès qu'il fut élevé à la dignité de Garde des Sceaux (1), fit défendre aux Principaux & Recteurs des Colléges les Repréſentations des Comédies & Tragédies (2); & il les obligea de n'exercer les jeunes gens dans l'art de la prononciation, que ſelon la méthode des anciens Rhéteurs.

« Je ne veux pas, dit *Quintilien*,

(1) En 1616.

(2) Ce fait eſt rapporté page 286 du Livre de M. de *Voiſin*, ci-devant cité.

» que le Disciple, à qui j'apprens l'art
» de prononcer, déguise sa voix en
» celle de femme, ou la rende trem-
» blante comme celle des vieillards ;
» je ne veux point aussi qu'il contre-
» fasse les vices des ivrognes ni le
» libertinage des valets, ni qu'il ap-
» prenne les passions d'amour, d'ava-
» rice ou de crainte, qui ne sont point
» nécessaires à un Orateur, & qui peu-
» vent corrompre l'esprit tendre des
» enfans dans leurs premieres années ;
» car ce qu'on imite souvent, passe
» en coutume & en habitude ; & même
» toutes sortes de gestes & de mouve-
» mens de Comédien, ne doivent pas
» être imités ; parce qu'encore que les
» gestes & les mouvemens convien-
» nent à l'Orateur en quelque ma-
» niere, ils doivent toutefois être fort
» différens de ceux des Acteurs de la
» Scene ; il faut que dans le mouve-
» ment de son visage, & dans les ges-
» tes de ses mains & dans ses digres-
» sions, il n'y ait rien qui ne soit mo-
» déré ; car s'il y a quelqu'art à obser-
» ver en ces choses, c'est de pren-

» dre garde qu'il n'y paroiſſe rien
» d'artificiel (1). »

M. *Batteux*, Profeſſeur au Collége Royal, & de l'Académie Royale des Inſcriptions & Belles Lettres, nous a donné ſur le même objet les Réflexions les plus ſolides dans ſon Ouvrage intitulé : *Principes de la Littérature.*

« C'eſt aſſurément, dit cet habile
» Rhéteur, une perte de temps pour
» les jeunes gens, que de leur don-
» ner des rôles Dramatiques à repré-
» ſenter. Cet exercice n'apprend rien
» que le goût & la lecture ne leur ap-

(1) *Non enim puerum, quem in pronunciandi ſcientiâ inſtituimus, aut fœminæ vocis exilitate frangi volo, aut ſeniliter tremere. Nec vitia ebrietatis effingat, nec ſervili vernilitate imbuatur : nec amoris, avaritiæ, metus diſcat affectum : quæ neque Oratori ſunt neceſſaria, & mentem præcipuè in ætate primâ teneram adhuc & rudem inficiunt. Nam frequens imitatio tranſit in mores. Ne geſtus quidem omnis, ac motus à Comœdis petendus eſt. Quamquam enim utrumque eorum ad quemdam modum præſtare debet Orator : Plurimum tamen aberit à ſcenico, nec vultu, nec manu, nec excurſionibus nimius. Nam ſi qua in his ars eſt dicentium, ea prima eſt, ne ars videatur....* Quint. Inſtitut. Orat. lib. 1. cap. 11.

» priffent fuffifamment fans cela. Ils
» perdent le train de leurs études, &
» prennent du goût pour la diffipa-
» tion. Et cet inconvénient, tout grand
» qu'il eft, eft peut être encore le moin-
» dre qui puiffe en arriver. »

Quant à ceux qui difent qu'on ne
fait jouer aux jeunes gens des pieces
de Théatre que pour leur bien, &
pour les former, M. *Batteux* démontre qu'on n'en prend pas les moyens.

« Les maîtres, dit il, qui diftri-
» buent les rôles n'ont pas toujours ce
» but. Comme ils veulent fe faire
» honneur de l'exécution d'une pie-
» ce, ils font la diftribution des rôles
» felon ce point de vûe. Ainfi ils
» choififfent ceux qui peuvent le
» mieux rendre les caracteres des per-
» fonnages de la piece, qui ont pour
» cela une difpofition déjà naturelle :
» ce qui affure aux enfans un défaut,
» quelquefois même un vice pour
» toute leur vie. *Frequens imitatio tran-*
» *fit in mores.*

» Par exemple, un jeune homme
» eft petit-maître, précieux, on le

» choiſit pour cette raiſon pour faire
» le petit Marquis, le fat. Il eſt pareſ-
» ſeux & indolent, on lui fera jouer
» l'indolence & la pareſſe. Il eſt haut,
» il fera le glorieux. Il eſt menteur,
» il fera le principal rôle dans la Co-
» médie de *Corneille*. Il eſt dur, il
» jouera *Atrée*. S'il eſt diſſipé, poliſ-
» ſon, étourdi, il fera le valet, de
» maniere que des défauts & des vices
» qu'on devroit corriger par l'éduca-
» cation, ſe concentrent par ce moyen
» dans le caractere.

» L'éducation chrétienne, l'édu-
» cation mondaine même, ſi elle eſt
» ſérieuſe & décente, a-t-elle beſoin
» pour être parfaite de leçons de
» Comédiens? Ne peut-on point trou-
» ver d'autres moyens d'exercer, de
» former les jeunes gens & de leur
» donner des graces? Ne peuvent-ils
» s'eſſayer devant le Public, ſans pren-
» dre la voix aigre d'un vieillard quin-
» teux, ou les airs impertinens d'un
» faquin? En un mot, ne peuvent-ils
» entrer dans le monde honnête qu'en
» deſcendant du Théatre? »

On peut ajouter à ces réflexions de M. *Batteux* l'anecdote fuivante, rapportée dans le premier tome du *Dictionnaire des paffions, des vertus & des vices*, imprimé en 1769.

« M. *Hébert*, Curé de Verfailles, & » enfuite Evêque d'Agen, difoit à » Madame de *Maintenon* que les divertiffemens du Théatre devoient être » profcrits de toute bonne éducation. » Votre grand objet, Madame, lui » difoit-il, eft de porter vos Eleves de » S. Cyr à une grande pureté de » mœurs. N'eft-ce pas détruire cette » pureté que de les expofer fur un » Théatre aux regards avides de toute » la Cour? C'eft fortifier ce goût qu'il » eft fi naturel à leur fexe d'avoir » pour la parure, que fouvent les » femmes les plus chaftes, comme le » dit S. *Jerôme*, ont cette foibleffe, » non à la vérité pour plaire aux yeux » d'aucun homme, mais pour plaire » à elles-mêmes (1). C'eft leur ôter » cette honte modefte qui les retient

(1) Φιλοχοσμον *Genus fœmineum eft. Multafque etiam infignis pudicitiæ, quamvis nulli*

» dans le devoir. Une fille redoutera-
» t-elle un tête à tête avec un homme,
» après avoir paru hardiment devant
» pluſieurs? Les applaudiſſemens que
» les Spectateurs prodiguent à la beau-
» té, aux talens de ces jeunes perſon-
» nes, ne doivent-ils pas produire les
» plus mauvais effets?

Tous les exemples qu'on pourroit citer pour contredire ces principes de morale ne peuvent faire autorité contre des regles ſuggérées par la raiſon, & preſcrites par la Religion. Il ne faut point ſe livrer aux coutumes li-cencieuſes qui tendent à détruire les germes des vertus, & à y ſubſtituer les vices contraires. *Corruptelâ malæ conſuetudinis igniculi extinguuntur à naturâ dati, exoriunturque & confir-mantur vitia contraria.* Cicer. lib. 1. de Leg.

virorum, tamen ſibi ſcimus libenter ornari... Ad quæ ardent & inſaniunt ſtudia matronarum. Hieron. Epiſt. ad Gaudent. & ad Demetr.

F I N.

¶ *Pag. 117, premiere Note, lig. 2,* nobis fracta, *liſez* modis fracta.

A D D I T I O N.

ADDITION.

Nota. PLusieurs personnes respectables ont paru surprises de ce qu'il n'a été donné page 496 qu'un extrait de la Lettre de *M. Gresset.* Elles ont observé qu'elle auroit dû être imprimée en entier comme un monument aussi intéressant que la rétractation du Pere *Caffaro.* On satisfait à leur desir avec d'autant plus de confiance, qu'on peut se flatter d'entrer dans les intentions de M. *Gresset.*

LETTRE

De M. Gresset, de l'Académie Françoise, à M. ***.

LEs sentimens, MONSIEUR, dont vous m'honorez depuis plus de vingt ans, vous ont donné des droits inviolables sur tous les miens ; je vous en dois compte, & je viens vous le rendre sur un genre d'ouvrages auquel j'ai cru devoir renoncer pour toujours. Indépendamment du desir de vous soumettre ma conduite, & de mériter votre approbation, votre appui m'est nécessaire dans le parti indispensable que j'ai pris, & je viens le réclamer avec toute la confiance que votre amitié pour moi m'a toujours inspirée. Les titres, les erreurs, les songes du monde n'ont jamais ébranlé les principes de religion que je vous connois depuis

(684)

fi long-temps ; ainfi le langage de cette Lettre ne vous fera point étranger, & je compte
qu'approuvant ma réfolution, vous voudrez
bien m'appuyer dans ce qui me refte à faire
pour l'établir & pour la manifefter.

Je fuis accoutumé, MONSIEUR, à pen-
fer tout haut devant vous ; je vous avouerai donc que depuis plufieurs années j'avois
beaucoup à fouffrir intérieurement d'avoir
travaillé pour le Théatre, étant convaincu,
comme je l'ai toujours été, des vérités lumineufes de notre Religion, la feule divine,
la feule inconteftable : il s'élevoit fouvent
des nuages dans mon ame fur un art fi peu
conforme à l'efprit du Chriftianifme, & je
me faifois, fans le vouloir, des reproches
infructueux, que j'évitois de démêler &
d'approfondir ; toujours combattu & toujours foible, je différois de me juger, par
la crainte de me rendre & par le defir de
me faire grace ; quelle force pouvoient avoir
des réflexions involontaires contre l'empire
de l'imagination & l'enivrement de la fauffe
gloire ? Encouragé par l'indulgence dont le
Public a honoré *Sidney* & le *Méchant*, ébloui
par les follicitations les plus puiffantes, fé-
duit par mes amis, dupe d'autrui & de moi-
même, rappellé en même-temps par cette
voix intérieure toujours févere & toujours
jufte, je fouffrois, & je n'en travaillois pas
moins dans le même genre ; il n'eft gueres
de fituation plus pénible, quand on penfe,
que de voir fa conduite en contradiction
avec fes principes, & de fe trouver faux à

foi-même & mal avec foi ; je cherchois à étouffer cette voix des remords à laquelle on n'impose point silence, où je croyois y répondre par de mauvaises autorités que je me donnois pour bonnes ; au défaut de solides raisons, j'appellois à mon secours tous les grands & frêles raisonnemens des Apologistes du Théatre ; je tirois même des moyens personnels d'apologie de mon attention à ne rien écrire qui ne pût être soumis à toutes les Loix des mœurs ; mais tous ces secours ne pouvoient rien pour ma tranquillité ; les noms sacrés & vénérables dont on abuse pour justifier la composition des Ouvrages Dramatiques & le danger des Spectacles, les textes prétendus favorables, les anecdotes fabriquées, les sophismes des autres & les miens, tout cela n'étoit que du bruit, & un bruit bien foible contre ce sentiment impérieux qui réclamoit dans mon cœur : au milieu de ces contrariétés & de ces doutes de mauvaise foi, poursuivi par l'évidence, j'aurois dû reconnoître dès-lors, comme je le reconnois aujourd'hui, qu'on a toujours tort avec sa conscience quand on est réduit à disputer avec elle. Dieu a daigné éclairer entierement mes ténebres, & dissiper à mes yeux tous les enchante-mens de l'art & du génie ; guidé par la Foi, ce flambeau éternel devant qui toutes les lueurs du temps disparoissent, devant qui s'évanouissent toutes les rêveries sublimes & profondes de nos foibles Esprits-forts, ainsi que toute l'importance & la gloriole du

A a a ij

Bel-efprit, je vois fans nuage & fans enthoufiafme, que les Loix facrées de l'Evangile & les maximes de la morale profane,
le Sanctuaire & le Théatre font des objets
abfolument inalliables ; tous les fuffrages de
l'opinion, de la bienféance & de la vertu
purement humaine, fuffent-ils réunis en faveur de l'art Dramatique, il n'a jamais obtenu, il n'obtiendra jamais l'approbation
de l'Eglife ; ce motif fans réponfe m'a dé-
cidé invariablement : j'ai eu l'honneur de
communiquer ma réfolution à Monfeignéur
l'Evêque d'Amiens, & d'en configner l'engagement irrévocable dans fes mains facrées ; c'eft à l'autorité de fes leçons, & à
l'éloquence de fes vertus, que je dois la fin
de mon égarement, je lui devois l'hommage de mon retour, & c'eft pour confa-
crer la folidité de cette efpece d'abjuration, que je l'ai faite fous les yeux de ce
grand Prélat fi refpecté & fi chéri : fon
témoignage faint s'éleveroit contre moi,
fi j'avois la foiblefle & l'infidélité de rentrer dans la carriere : il ne me refte qu'un
regret en la quittant ; ce n'eft point fur la
privation des applaudiffemens publics, je
ne les aurois peut-être pas obtenus, & quand
même je pourrois être affuré de les obtenir
au plus haut degré, tout ce fracas populaire n'ébranleroit point ma réfolution ; la
voix folitaire du devoir doit parler plus
haut pour un Chrétien que toutes les voix
de la renommée : l'unique regret qui me
refte, c'eft de ne pouvoir point affez effa-

cer le scandale que j'ai pu donner à la Religion par ce genre d'Ouvrages, & de n'être
point à portée de réparer le mal que j'ai
pu causer, sans le vouloir; le moyen le
plus apparent de réparation, autant qu'elle
est possible, dépend de votre agrément pour
la publicité de cette Lettre; j'espere que
vous voudrez bien permettre qu'elle se
répande, & que les regrets sinceres que
j'expose ici à l'amitié, aillent porter mon
apologie par-tout où elle est nécessaire: mes
foibles talens n'ont point rendu mon nom
assez considérable pour faire un grand exemple; mais tout Fidele, quel qu'il soit, quand
ses égaremens ont eu quelque notoriété,
doit en publier le désaveu, & laisser un
monument de son repentir. Les gens du
bon air, les demi-raisonneurs, les pitoyables incrédules peuvent à leur aise se mo-
quer de ma démarche, je serai trop dédommagé de leur petite censure & de leurs froides plaisanteries, si les gens sensés & vertueux, si les Ecrivains dignes de servir la
Religion, si les ames honnêtes & pieuses
que j'ai pu scandaliser, voient mon humble désaveu avec cette satisfaction pure que
fait naître la vérité dès qu'elle se montre.

Je profite de cette occasion pour rétrac-
ter aussi solemnellement tout ce que j'ai pu
écrire d'un ton peu réfléchi dans les bagatelles rimées dont on a multiplié les éditions, sans que j'aie jamais été dans la
confidence d'aucune. Tel est le malheur
attaché à la Poésie, cet art si dangéreux,

dont l'hiſtoire eſt beaucoup plus la liſte des fautes célebres & des regrets tardifs, que celle des ſuccès ſans honte & de la gloire ſans remords; tel eſt l'écueil preſqu'inévitable, ſur-tout dans les délires de la jeuneſſe; on ſe laiſſe entraîner à établir des principes qu'on n'a point; un vers brillant décide d'une maxime hardie, ſcandaleuſe, extravagante; l'idée eſt téméraire, le trait eſt impie; n'importe, le vers eſt heureux, ſonore, éblouiſſant, on ne peut le ſacrifier, on ne veut que briller, on parle contre ce qu'on croit, & la vanité des mots l'emporte ſur la vérité des choſes. L'Impreſſion ayant donné quelqu'exiſtence à de foibles productions auxquelles j'attache fort peu de valeur, je me crois obligé d'en publier une édition très-corrigée, où je ne conſerverai rien qui ne puiſſe être ſoumis à la lumiere de la Religion, & à la ſévérité de ſes regards; la même balance me reglera dans d'autres Ouvrages qui n'ont point encore vu le jour. Pour mes nouvelles Comédies (dont deux ont été lues, MONSIEUR, par vous ſeul) ne me les demandez plus; le ſacrifice en eſt fait, & c'étoit ſacrifier bien peu de choſe. Quand on a quelques Ecrits à ſe reprocher, il faut s'exécuter ſans réſerve dès que les remords les condamnent; il ſeroit trop dangéreux d'attendre; il ſeroit trop incertain de compter que ces Ecrits ſeront brûlés au flambeau qui doit éclairer notre agonie.

J'ai cru, pour l'utilité des mœurs, pou-

voir fauver de cette profcription les principes & les images d'une Piece que je fi-
niffois, & je les donnerai fous une autre
forme que celle du genre Dramatique : cette
Comédie avoit pour objet la peinture & la
critique d'un caractere plus à la mode que
le *Méchant* même, & qui, forti de fes bornes, devient tous les jours de plus en plus
un ridicule & un vice national.

Si la prétention de ce caractere, fi répan-
due aujourd'hui, fi mauffade comme l'eft
toute prétention, & fi gauche dans ceux
qui l'ont malgré la nature & fans fuccès,
n'étoit qu'un de ces ridicules qui ne font
que de la fatuité fans danger, ou de la
fottife fans conféquence, je ne m'y ferois
plus arrêté; l'objet du portrait ne vaudroit
pas les frais des crayons; mais outre fa
comique abfurdité, cette prétention eft de
plus fi contraire aux regles établies, à
l'honnêteté publique , & au refpect dû à
la raifon, que je me fuis cru obligé d'en
conferver les traits & la cenfure , par l'intérêt que tout citoyen qui penfe doit prendre aux droits de la vertu & de la vérité:
j'ai tout lieu d'efpérer que ce fujet, s'il
doit être de quelqu'utilité , y parviendra
bien plus fûrement fous cette forme nouvelle, que s'il n'eût paru que fur la Scene,
cette prétendue école des mœurs, où l'a-
mour-propre ne vient reconnoître que les
torts d'autrui, & où les vérités morales,
le plus lumineufement préfentées, n'ont que
le ftérile mérite d'étonner un inftant le

défœuvrement & la frivolité, fans arriver jamais à corriger les vices, & fans parvenir à réprimer la manie des faux airs dans tous les genres, & les ridicules de tous les rangs.

Je laiffe de fi minces objets pour finir par des confidérations d'un ordre bien fupérieur à toutes les brillantes illufions de nos arts agréables, de nos talens inutiles, & du génie dont nous nous flattons; fi quelqu'un de ceux qui veulent bien s'intéreffer à moi, eft tenté de condamner le parti que j'ai pris de ne plus paroître dans cette carriere, qu'avant de me défapprouver il accorde un regard aux principes qui m'ont déterminé; après avoir apprécié dans fa raifon ce phofphore qu'on nomme l'Efprit, ce rien qu'on appelle la Renommée, ce moment qu'on nomme la Vie, qu'il interroge la Religion qui doit lui parler comme à moi; qu'il contemple fixement la mort; qu'il regarde au-delà, & qu'il me juge. Cette image de notre fin, la lumiere, la leçon de notre exiftence, & notre premiere philofophie, devroit bien abaiffer l'extravagante indépendance & l'audace impie de ces fuperbes & petits Differtateurs qui s'efforcent vainement d'élever leurs délires fyftématiques au-deffus des preuves lumineufes de la révélation; le temps vole, la nuit s'avance, le rêve va finir; pourquoi perdre à douter, avec une abfurde préfomption, cet inftant qui nous eft laiffé pour croire, & pour adorer avec une foumiffion fon-

dée sur les plus fermes principes de la saine
raison ? Comment immoler nos jours à des
Ouvrages rarement applaudis, souvent dan
géreux, toujours inutiles ? Pourquoi nous
borner à des spéculations indifférentes sur
les majestueux phénomenes de la Nature ?
Au moment où j'écris, un corps céleste,
nouveau à nos regards, est descendu sur
l'horison ; mais ce spectacle, également frap-
pant pour les esprits éclairés & pour le
vulgaire, amuse seulement la frivole curiosité, quand il doit élever nos réflexions.
Encore quelques jours, & cette Comete
que notre siecle voit pour la premiere fois,
va s'éteindre pour nous, & se replonger
dans l'immensité des Cieux, pour ne repa-
roître jamais aux yeux de presque tous ceux
qui la contemplent aujourd'hui ; quelle des-
tinée éternelle nous aura été assignée, lorsque cet astre étincelant & rapide, arrivé
au terme d'une nouvelle révolution, après
une marche de plus de quinze lustres, re-
paroîtra sur cet hémisphere ? Les témoins
de son retour marcheront sur nos cendres.

Je vous demanderois grace, Monsieur,
sur quelques traits de cette Lettre, qui
paroissent sortir des limites du ton épisto-
laire, si je ne sçavois par une longue expérience, que la vérité a toute seule par
elle-même le droit de vous intéresser indépendamment de la façon dont on l'exprime, & si d'ailleurs dans un semblable
sujet, dont la dignité & l'énergie entraî-
nent l'ame & commandent l'expression, on

pouvoit être arrêté un inftant par de froides attentions aux regles du ftyle, & aux
chétives prétentions de l'efprit.

Je fuis, &c.

A Amiens le 14 *Mai* 1759.

Que les jeunes gens qui ont du talent pour
la Poéfie profitent de cette Lettre de M.
Greffet. Qu'ils fçachent, comme ce Poëte
agréable l'a dit dans une Epître à fa Mufe,

Que la vertu, reine de l'harmonie,

A la décence, aux graces réunie

Seule a le droit d'enfanter les beaux vers.

Le *Pindare* de la France J. B. *Rouffeau*,
dit dans fon Epître à M. de *Breteuil :*

L'amour du vrai me fit lui feul Auteur,

Et la vertu fut mon *premier Docteur.*

On fçait que ce grand Poëte s'eft repentí
de ne pas avoir été toujours fidéle à ce
premier Docteur. On voit dans fes Lettres
qu'il n'attendit pas la vieilleffe & les infirmités pour réprouver les licences de fa lyre.
Ce n'étoit, felon les voluptueux, que des
bagatelles ; mais il reconnut qu'elles conduifent aux plus grands excès.

. . . . *Hæ nugæ feria ducent*
In mala.   Horat. *Art. Poét.*

Rien n'eft plus redoutable que la tyrannie
de la volupté. Voici une Ode qui en dépeint
les funeftes effets.

LA VOLUPTÉ.
ODE *.

* Parnasse Chrétien, tom. 2.

AUSSI funeste qu'infâme,
La volupté nous séduit,
Son poison abrutit l'ame
De l'insensé qui la suit.
Les Provinces ravagées,
Et les villes saccagées
Doivent leurs maux à ses traits ;
Toujours elle se signale
Par une suite fatale
De malheurs ou de forfaits.

Dans quels ténébreux abîmes,
Son délire impétueux
Entraîne-t-il les victimes
De ses redoutables feux ?
Son ardeur enchanteresse,
Sçait renverser la sagesse,
Sçait corrompre l'équité ;
Et ces vertus étouffées,
Ne font plus que les trophées
D'une aveugle volupté.

De son imprudente fille (a)
Jacob pleure le malheur ;
L'amour flétrit sa famille :
Sichem quelle est ta fureur !
Mais une main implacable

(a) Dina enlevée par Sichem.

Eteint dans ton ſang coupable
Ton aveugle emportement,
Et ſans partager ton crime,
Ton Peuple, triſte victime,
Partage ton châtiment.

Cet homme (b) que le Ciel même
De ſa force avoit armé,
Périt, & parce qu'il aime,
Je vois ſon malheur tramé.
Un grand Roi (c) devient perfide,
L'adultere à l'homicide
Fraie un chemin dans ſon cœur.
L'amour par la main du Sage (d)
Encenſe le fol ouvrage
Du menſonge & de l'erreur.

Mais quel ſang vois-je répandre
Dans ce feſtin meurtrier?
La vertu pour le défendre
N'eſt plus qu'un vain bouclier.
D'un Roi (e) l'aveugle injuſtice,
L'oſe immoler au caprice
D'une impudique beauté.
L'amour devenu ſon maître,
Le contraint à méconnoître
Toute autre Divinité.

(b *Samſon.* (c) *David.* (d) *Salomon.* (e) *Hérode.*

Craignons, dit *Montaigne* *, la trahiſon de nos
plaiſirs. *Nos amplectuntur voluptates, ut ſtrangulent* ¶.

* Eſſ. liv. 1, c. 38.   ¶ Senec. Ep. 51.

APPROBATION.

APPROBATION.

J'Ai lu par ordre de Monseigneur le Vice-Chancelier les *Lettres de M. Desprez de Boissy, Avocat au Parlement, sur les Spectacles , avec une histoire des Ouvrages pour & contre les Théatres publics*, & n'y ai rien trouvé qui en empêche la réimpression. On ne peut que louer l'érudition de l'Auteur, la solidité de ses raisonnemens, les agrémens de son style, enfin ses vues & son zèle pour la régularité des mœurs dans un siécle fécond en Ouvrages où l'on paroît si peu la respecter. A Paris le 14 Août 1768.

BONAMY.

PRIVILEGE DU ROI.

LOUIS, par la Grace de Dieu, Roi de France et de Navarre : A nos amés & féaux Conseillers, les Gens tenans nos Cours de Parlement, Maîtres des Requêtes ordinaires de notre Hôtel, Grand-

Conſeil, Prevôt de Paris, Baillifs, Sénéchaux, leurs Lieutenans-Civils & autres nos Juſticiers qu'il appartiendra, SALUT. Notre amé JACQUES-HUBERT BUTARD, Imprimeur-Libraire à Paris, Nous a fait expoſer qu'il deſireroit faire réimprimer & donner au Public les *Lettres de M. Deſprez de Boiſſy, Avocat en Parlement, ſur les Spectacles, avec une Hiſtoire des Ouvrages pour & contre les Théatres publics*, s'il nous plaiſoit lui accorder nos Lettres de renouvelle Permiſſion pour ce néceſſaires. A CES CAUSES, voulant favorablement traiter l'Expoſant, Nous lui avons permis & permettons par ces Préſentes, de faire réimprimer ledit Ouvrage autant de fois que bon lui ſemblera, & de le faire vendre & débiter partout notre Royaume pendant le temps de trois années conſécutives, à compter du jour de la date des Préſentes. FAISONS défenſes à tous Imprimeurs, Libraires, & autres perſonnes, de quelque qualité & condition qu'elles ſoient, d'en introduire d'impreſſion étrangere dans aucun lieu de notre obéiſſance : A LA CHARGE que ces Préſentes ſeront enregiſtrées tout au long ſur le Regiſtre de la Communauté des Imprimeurs & Libraires de Paris, dans trois mois de la date d'icelles ; que la réimpreſſion dudit Ouvrage ſera faite dans notre Royaume, & non ailleurs, en bon papier & beaux caracteres ; que l'Impétrant ſe conformera en tout aux Réglemens de la Librairie, & notamment à celui du 10 Avril 1725, à peine de déchéance de la préſente Permiſſion ; qu'avant de l'expoſer en vente, le Manuscrit qui aura servi de Copie à la réimpression dudit Ouvrage , sera remis dans le même état où l'Approbation y aura été donnée , ès mains de notre très-cher & féal Chevalier, Chancelier de France, le Sieur DE LAMOIGNON, & qu'il en sera ensuite remis deux Exemplaires dans notre Bibliothéque publique, un dans celle de notre Château du Louvre, un dans celle dudit Sieur DE LAMOIGNON, & un dans celle de notre très-cher & féal Chevalier, Vice-Chancelier & Garde des Sceaux de France, le Sieur DE MAUPEOU ; le tout à peine de nullité des Présentes. DU CONTENU desquelles vous mandons & enjoignons de faire jouir ledit Exposant & ses ayans causes, pleinement & paisiblement, sans souffrir qu'il leur soit fait aucun trouble ou empêchement. VOULONS qu'à la Copie des Présentes, qui sera imprimée tout au long au commencement ou à la fin dudit Ouvrage, foi soit ajoutée comme à l'Original. COMMANDONS au premier notre Huissier ou Sergent sur ce requis , de faire pour l'exécution d'icelles tous actes requis & nécessaires, sans demander autre permission ; & nonobstant clameur de haro , charte Normande & Lettres à ce contraires : Car tel est notre plaisir. DONNÉ à Compiegne, le premier jour du mois de Septembre l'an mil sept cent soixante-huit , & de notre Regne le cinquante-quatriéme.

PAR LE ROI EN SON CONSEIL.

LE BEGUE.

Regiſtré ſur le Regiſtre XVII. de la Chambre Royale & Syndicale des Libraires & Imprimeurs de Paris, No. 238, fol. 511, conformément au Réglement de 1723. A Paris, ce 12 Septembre 1768.

BRIASSON, Syndic.

De l'Imprimerie de BUTARD, 1771.

P. 631. L'Épitaphe de M. Jean Racine
a Pour auteur M. Tronchai dont le nom
est défiguré, ainsi que dans le necrologe de
l'abbaye de Port royal ; mais qui est rectifié
dans le suplément du dit necrologe.